新能源汽车技术

主　编：张南峰　郑　欣　郑少锋
副主编：陈述官　凌文涛　董　莹　陈龙凤　杨敬锋

河北科学技术出版社
·石家庄·

图书在版编目（CIP）数据

新能源汽车技术 / 张南峰，郑欣，郑少锋主编. 石家庄：河北科学技术出版社，2025.3. -- ISBN 978-7-5717-2342-2

Ⅰ．U469.7

中国国家版本馆CIP数据核字第20250D528W号

新能源汽车技术
XIN NENGYUAN QICHE JISHU

张南峰　郑　欣　郑少锋　主编

责任编辑	刘建鑫
责任校对	李嘉腾
美术编辑	张　帆
封面设计	寒　露
出版发行	河北科学技术出版社
地　　址	石家庄市友谊北大街330号（邮编：050061）
印　　刷	定州启航印刷有限公司
开　　本	787mm×1092mm　1/16
印　　张	13.25
字　　数	220千字
版　　次	2025年3月第1版
印　　次	2025年3月第1次印刷
书　　号	ISBN 978-7-5717-2342-2
定　　价	59.00元

《新能源汽车技术》编委会人员名单

主 编：张南峰 郑 欣 郑少锋
副主编：陈述官 凌文涛 董 莹 陈龙凤 杨敬锋
主 审：张震坤
成 员：（按姓氏笔画排序）

王 斌 王志远 王建东 王荣荣 石 磊 卢焯冬
刘志强 芦琳琳 李 琳 李伟才 杨 柳 汪 漫
张博钧 陈金周 苗子毅 周李琼 赵 斌 蒋邵衡
韩 强 焦 军 谢燕良

前 言

过去的几十年里，新能源汽车已从一个模糊的概念发展为全球可持续交通的重要组成部分。这一变化归功于多种因素，包括环境保护的需求、技术的迅速发展和政府的有力支持。作为21世纪具有突破性的产品之一，新能源汽车不仅对交通工具本身产生了深远的影响，也对能源、环境和社会产生了广泛而深刻的影响。

本书旨在提供一个全面、系统的新能源汽车知识体系，涵盖从基础概念到高级技术的各个方面。首先，本书介绍了新能源汽车在国外和我国的发展概况，包括市场动态、政策环境和行业趋势。在电动汽车的基本结构与原理单元中，本书深入探讨了纯电动汽车、混合动力电动汽车和燃料电池电动汽车各自的特点和应用，这些知识有助于读者更好地理解不同类型的电动汽车的性能和适用场景。动力蓄电池作为电动汽车的核心组件，其性能直接影响车辆的续航里程和安全性。因此，本书特别设计了一个单元来讨论动力蓄电池的分类、常用性能参数以及锂离子电池的储能技术。

本书还深入介绍了燃料电池系统和氢系统，包括燃料电池的结构与工作原理、辅助系统以及车载氢系统，这些内容有助于读者全面了解燃料电池技术在新能源汽车中的应用。驱动电机和控制系统作为电动汽车的两个重要组成部分，本书也对它们进行了详细的解析，包括驱动电机的结构和分类、整车控制器、蓄电池管理系统等。

除了主要的动力和控制系统外，本书还涉及电动汽车的其他辅助系统，如制动系统、空调系统和转向系统。这些系统在确保电动汽车高效、安全运行方面起着至关重要的作用。在智能网联系统单元中，本书探讨了车联网和智能驾驶系统的发展情况，这些技术预计在不久的将来会重塑人们的出行方式。

通过多个维度的介绍和解析，本书力求为读者提供一个全方位、多角度的新能源汽车知识体系。无论您是专业读者还是普通读者，都可以通过阅读本书深入了解新能源汽车的现状和未来，以及它们如何助力构建一个更加可持续和环保的交通体系。

目 录

单元 1　新能源汽车概述　/　001

　　1.1　国外新能源汽车发展概况　/　001

　　1.2　我国新能源汽车发展概况　/　004

单元 2　电动汽车的基本结构与原理　/　006

　　2.1　纯电动汽车　/　006

　　2.2　混合动力电动汽车　/　008

　　2.3　燃料电池电动汽车　/　016

单元 3　动力电池　/　025

　　3.1　动力电池的结构　/　025

　　3.2　电池管理系统　/　027

　　3.3　蓄电池的分类　/　034

　　3.4　蓄电池的常用性能参数　/　038

　　3.5　锂离子电池储能技术　/　050

单元 4　燃料电池系统和氢系统　/　059

　　4.1　燃料电池的结构与工作原理　/　059

　　4.2　辅助系统　/　066

　　4.3　燃料电池的常用性能参数　/　069

　　4.4　车载氢系统　/　077

单元 5　电动汽车驱动电机　/　082

　　5.1　电动机相关理论　/　082

　　5.2　电动机的相关参数　/　085

　　5.3　电动汽车驱动电机的分类和结构　/　087

　　5.4　汽车用驱动电机的使用要求　/　094

　　5.5　汽车用驱动电机的应用分析　/　095

5.6 电动汽车常用驱动电机——永磁同步电动机 / 096

5.7 电动汽车常用驱动电机——交流异步电动机 / 109

单元 6 　电动汽车控制系统 / 120

 6.1 整车控制器 / 120

 6.2 电池管理系统 / 126

 6.3 电机控制系统 / 130

单元 7 　电动汽车制动系统 / 135

 7.1 电动真空泵的分类和构成 / 135

 7.2 线控制动系统的特点 / 136

 7.3 制动能量回收系统 / 138

单元 8 　电动汽车空调系统 / 144

 8.1 电动汽车空调系统的供热方式 / 144

 8.2 不同空调系统的构成与工作原理 / 148

 8.3 电动压缩机的工作方式和特点 / 156

单元 9 　电动汽车转向系统 / 160

 9.1 电动助力转向系统 / 160

 9.2 线控主动转向系统 / 163

单元 10 　电动汽车充电系统及氢气加注系统 / 167

 10.1 充电基础设施的主要充电模式 / 167

 10.2 充电基础设施的主要接口标准 / 171

 10.3 电动汽车交、直流充电系统 / 174

 10.4 电动汽车充电过程 / 181

 10.5 氢气的加注 / 184

单元 11 　智能网联系统 / 187

 11.1 车联网系统 / 187

 11.2 智能驾驶系统 / 190

参考文献 / 201

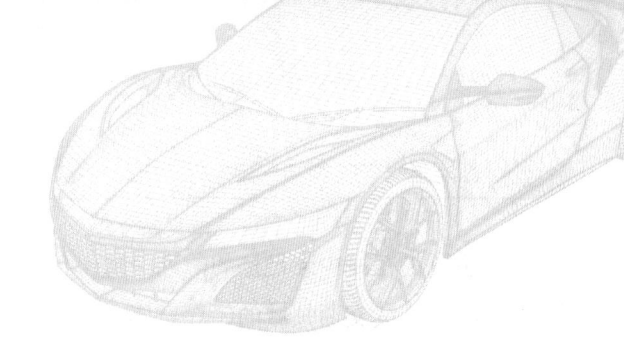

单元1 新能源汽车概述

1.1 国外新能源汽车发展概况

1.1.1 国外电动汽车发展概况

从20世纪90年代开始,美国的汽车产业界就已经展开了对于电动汽车技术的探索,尤其以三大巨头:通用、福特和克莱斯勒为代表。这些公司不仅投入了巨额的资源来研发新的电池技术和电机系统,还在设计和工程领域展开了一系列的创新活动。它们并不是单打独斗,而是集结了多方的技术力量,形成了一个紧密的研发网络。

2012年,美国在插电式混合动力汽车和燃料电池汽车的技术上取得了显著的进展,其不仅在市场上推出了各种新车型,还通过获得大量相关专利证明其技术领先地位。这些专利不仅是技术的象征,更代表了美国在未来电动汽车市场的竞争力。2016年,考虑到全球气候变化的严峻形势,美国政府明确了其清洁能源的决策方向,并发布了一项加速电动汽车普及和充电基础设施建设的计划,旨在减少碳排放,提高清洁能源的使用率,从而降低对石油的依赖。这一计划得到了广泛的支持和响应。在这个背景下,2020年,美国电动汽车的总销量已经突破百万大关,尤其值得一提的是特斯拉这一品牌。凭借其创新的技术和市场策略,特斯拉不仅赢得了消费者的喜爱,更在市场上取得了超过70%的份额,坚定地站在了行业的前沿。

欧洲历来对汽车产业对环境的潜在影响持关注态度,认为发展纯电动汽车是有效减少二氧化碳排放的关键途径。为了达成这一目标,多个欧洲国家制定了严格的法规,来推动电动汽车的广泛使用,这些法规背后释放了一个明确的信号:欧洲决意走在减少碳足迹的前列。这不仅仅是对环境的承诺,也是国际社会发出的欧洲在可持续交通领域的领导意愿。

进入2020年,这些努力的成果已经显现。在那一年,新能源乘用车在整个欧洲乘用车市场中的份额已经达到了11%,这一成果在全球都是令人瞩目的。这标志着欧洲新能源汽车市场份额首次达到两位数,相比全球其他主要市场,欧洲的这一比例领先很多。详细地说,纯电动汽车的市场份额为6.2%,而插电式混合动力汽车的市场份额为4.8%。令人印象深刻的是,在2020年12月,欧洲新能源乘用车的销量更是达到了28.1万辆,环比上涨了254%。那一个月,近四分之一的汽车是新能源汽车。而在欧洲各国,挪威无疑是新能源汽车发展的先锋。在2019年,纯电动汽车在该国的市场份额首次超过了50%。2020年,将插电式混合动力汽车统计在内,挪威新能源汽车的市场份额更是高达74.8%,这无疑使挪威成为全球新能源汽车普及率最高的国家。除了挪威,其他欧洲主要汽车市场,如德国、法国和英国,也在新能源汽车领域取得了令人瞩目的成果。在2020年,这些国家的新能源汽车市场份额都超过了10%,且相比2019年增长了三到五倍。① 这样的数据充分证明,欧洲在新能源汽车的发展上确实付出了巨大努力,且成果显著。

日本是全球电动汽车发展的先驱,早在20世纪70年代便开始对此进行研究。这使得日本在混合动力技术、燃料电池以及电机电控等领域积累了丰富的技术经验。这些深入的研发使日本的混合动力汽车在油耗、排量和性能上均表现出色,根据日本经济产业省于2020年发布的数据,日本政府预计到2030年,纯电动及插电式混合动力汽车的销量将占新车总销量的20%~30%,在所有车辆中的占比预计将达到16%。

1.1.2 国外车用动力电池产业发展概况

德国、美国、日本和韩国是全球动力电池产业的领头羊。德国和美国在这个领域主要专注于电池材料、设计和系统集成的创新研发,但在电池制造能力上则相对较弱。为了在新能源汽车产业中保持技术领先地位,像宝马、奔驰、大众和通

---

① 兰凤崇,陈吉清.新能源汽车动力电池系统关键技术[M].广州:华南理工大学出版社,2022:3.

用这样的知名汽车制造商都已投身于先进电池材料的研发。与此不同，日本和韩国在动力电池的整个产业链上都展现出强大的研发和生产实力。2020 年的数据显示，中国的宁德时代和韩国的 LG 在全球动力电池产品的出货量上并列领先，达到 52.8 GW·h，其后是日本的松下公司，出货量为 35.1 GW·h。韩国的三星 SKI 和 SDI 分别位列第四和第五，而第六到第九的位置则全部由中国企业比亚迪、远景动力、中创新航和国轩高科所占据。①

松下和特斯拉的合作已经走得很深，两者合资建设的巨型动力电池工厂 Gigafactory 已经完成了约三分之一的建设，且已开始生产为特斯拉 Model 3 设计的高能量密度电池，这些电池的能量密度高达 300 W·h/kg。这种特斯拉和电池制造商的紧密合作模式显著降低了电池成本，达到了每瓦时 1.5 元。类似地，通用和 LG 的合作也使得电池成本降低，两者合作生产的雪佛兰 Bolt EV 电动汽车的动力电池价格每瓦时约 1.7 元，并且这款车在续航和价格上与特斯拉 Model 3 形成了竞争。除了通用，LG 还与现代、起亚、沃尔沃、日产雷诺、福特、大众以及法拉第未来（Faraday Future）和 Lucid Motors 等多家车企有合作关系。国外电池公司采用的国际合作模式为我国的动力电池企业提供了宝贵的经验。

面对全球汽车工业向新能源汽车加速转型的发展形势，世界范围内对发展高能量密度动力电池的要求也愈加迫切。美国交通部制订了下一代电池的研发计划，2020 年之后瞄准"三个五"目标，即能量密度较传统锂离子动力电池增加五倍，成本降低到原来的五分之一，同时循环寿命提升五倍。阿贡国家实验室牵头五个国家实验室、十所大学以及五家企业成立研究团队向实现"三个五"目标发起攻关。日本新能源产业技术综合开发机构也在管理推进下一代新型动力电池产业化基础研究项目，2018 年的单体电池能量密度达到 300 W·h/kg，2020 年以 5 A·h 的单体电池作为研究载体，质量比能量达到 500 W·h/kg 以上，体积比能量达到 1 000 W·h/L，环境适应性达到 -30 ~ 60 ℃，同时在经济成本上要求不大量使用贵金属等高成本物质。②

---

① 兰凤崇，陈吉清. 新能源汽车动力电池系统关键技术 [M]. 广州：华南理工大学出版社，2022：4.
② 兰凤崇，陈吉清. 新能源汽车动力电池系统关键技术 [M]. 广州：华南理工大学出版社，2022：5.

固态电池受到许多国家和企业的青睐,因为它们在提高单体电压、增加电池能量密度和提高安全性方面有明显的优势。2017 年,固态电池的研发活动增加,即使在电池产业基础较弱的欧洲,大型车企也加大了固态电池研发的投入,希望在新能源汽车的技术发展中取得主导地位。例如,大众汽车在其"Roadmap E"电动汽车发展计划中,计划投资 500 亿欧元,与中国、欧洲和北美的合作伙伴进行动力电池的长期战略合作,为 2025 年每年超过 1 500 亿 W·h 的电动汽车电池需求做准备。大众的目标是 2025 年之后,固态电池驱动的汽车续航里程达到 1 000 km。同时,宝马汽车也在固态电池领域发力,与美国的 Solid Power 公司合作,旨在共同研发适用于电动汽车的固态电池技术,并利用已有的电池开发经验加速该技术的商业化。

国际上的各大汽车产业强国在研发应用新一代高能量密度动力电池方面都不甘落后,动力电池产业被寄予了能够助力各国继续引领汽车工业发展的期望,未来或会形成多点开花的局面。如今,高能量密度动力电池以及关键材料的研发犹如军备竞赛正在各动力电池产业强国争相开展,谁先占据技术高地,实现关键技术突破,掌握核心知识产权,谁就能够在未来引领动力电池产业乃至新能源汽车产业的发展。

1.2　我国新能源汽车发展概况

近年来,我国新能源汽车的发展如火如荼,显示出巨大的发展潜力和市场活力。在此背景下,政策、技术、市场和产业生态等各个方面都在不断演变,形成了今天中国新能源汽车产业的独特面貌。

政策的扶持与引导作用不可小觑。自 2009 年开始,中央和地方政府针对新能源汽车领域出台了一系列政策,涉及购车补贴、购置税减免、道路使用变化、购车指标支持等。这些政策不仅降低了消费者购买新能源汽车的成本,还为新能源汽车企业创造了一个有利的市场环境。这种积极的政策环境使得新能源汽车在中国市场得到了快速的普及和推广。

在技术进步方面,我国新能源汽车产业也取得了长足的发展。尤其在电池、电机、电控等核心技术领域,中国企业通过在研发上的不懈努力,已经逐步缩小了与国际先进水平的差距。值得一提的是动力电池技术,目前我国已经成为全球最大的动力电池生产国,技术和生产规模都处于世界领先水平。随着技术的进步,在政策的扶持下,我国新能源汽车市场需求也得到了持续增长。大量消费者开始将新能源汽车视为首选,尤其在一线城市和新一线城市,新能源汽车已经逐渐成为市场的主流选择。此外,许多中国汽车企业,如比亚迪、吉利和上汽等,都对新能源汽车进行了深入的战略布局,并成功推出了一系列受到市场欢迎的产品。

除了传统汽车企业,还有一批如蔚来、小鹏和理想等新能源汽车初创企业在短时间内崭露头角,它们凭借先进的技术和独特的市场策略,迅速获得了大量用户和资本的关注。这些新兴企业的崛起,也为我国新能源汽车市场注入了新的活力和创新动力。随着新能源汽车的普及,充电基础设施建设也成为发展的关键环节,各级政府已经意识到这一点,因此出台了一系列的政策和措施来支持充电桩的建设和发展。目前,我国的充电桩数量和布局已经初步满足了市场的基本需求,为新能源汽车的普及和使用创造了良好的条件。

我国新能源汽车产业在过去的几年中取得了显著的发展成果,无论是在政策扶持、技术研发、市场推广还是产业链建设等方面,都显示出了强大的生命力和发展潜力。然而,面对未来的挑战和机遇,我国新能源汽车产业仍需继续努力,不断创新,确保产业健康、可持续发展。

单元 2　电动汽车的基本结构与原理

2.1　纯电动汽车

2.1.1　纯电动汽车简述

纯电动汽车是现代技术与环保理念的结合产物,广义上被定义为依赖电动机作为驱动力,而非传统的燃油发动机的车辆。这类车辆从车载的储能装置中,如蓄电池、超级电容或飞轮储能装置,获取所需的电能。在实际应用场景中,纯电动汽车的种类繁多,包括但不限于公路上行驶的私家车、工业区内的低速电动汽车、机场和码头的电动运输车、专用的电动叉车、旅游区的观光电车、特定区域的电动巡逻车以及各种特定功能的电动车辆。

狭义上,纯电动汽车指的是那些既满足公路安全与法规要求,又允许在公共道路上行驶的电动车辆。它们通常拥有高度集成的设计和先进的技术支持,集结了机械工程、电子技术、电力学、微机控制等多个领域的专家知识和技术。相对于传统燃油汽车,纯电动汽车代表了一个环保、高效和技术前沿的方向,是未来交通工具发展的重要趋势。

2.1.2　纯电动汽车的基本结构与工作原理

传统的内燃机汽车是由发动机、底盘、车身和电气设备构成的。与之不同,纯电动汽车不设有发动机并对传动机构进行了修改。基于其驱动方式,某些部件被简化或移除,同时增添了电源系统和驱动电机。因此,纯电动汽车主要由电源系统、驱动电机系统、整车控制器以及辅助控制系统组成。

如图 2-1 所示是纯电动汽车工作原理，纯电动汽车系统可分为驱动电机系统、电源系统和辅助控制系统。

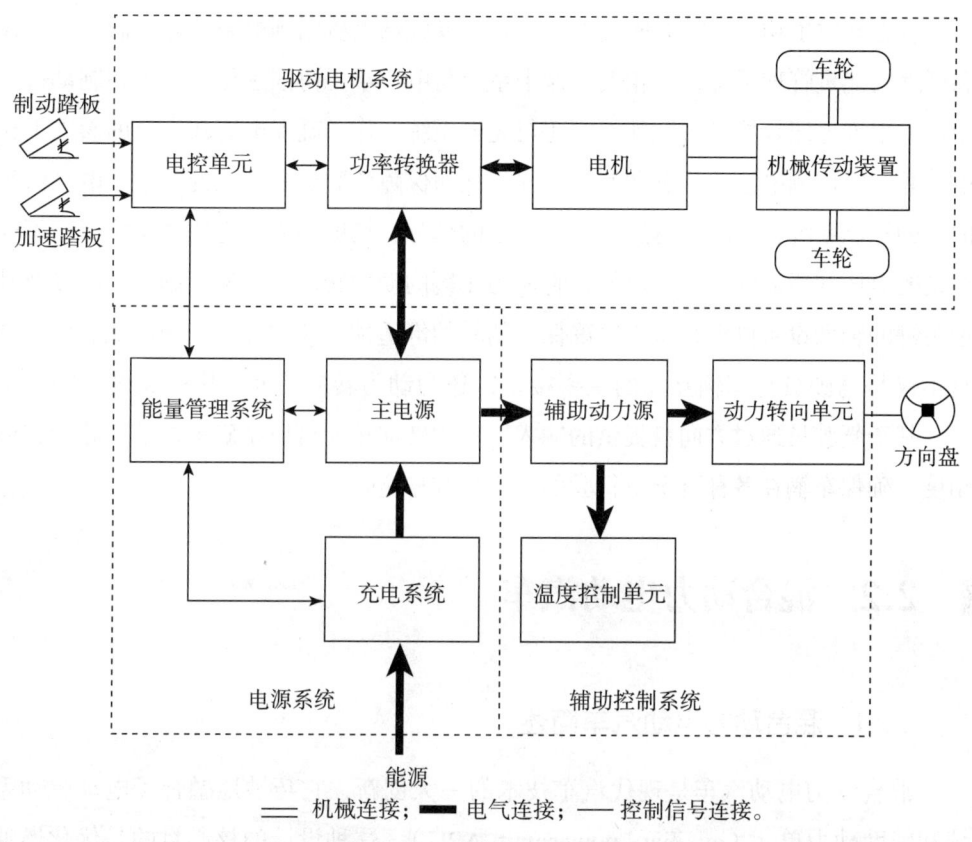

图 2-1　纯电动汽车工作原理

驱动电机系统由电控单元、功率转换器、电机、机械传动装置和驱动车轮组成。电源系统由主电源、能量管理系统和充电系统构成，辅助控制系统由动力转向单元、温度控制单元和辅助动力源等组成。

电控单元在纯电动汽车中起到了核心的作用，它的工作是根据驾驶员通过制动和加速踏板提供的输入，精确地调节功率转换器，从而决定电机与电源之间的功率流动。这种精确的功率调节不仅确保了车辆的平稳行驶，还有助于延长电池的使用寿命。

· 当驾驶员施加制动时，电控单元激活再生制动系统。这一先进的技术允许车辆在减速或停车时回收部分动能，该动能转换为电能并被存储在车辆的电源中，从

新能源汽车技术

而实现了能量的再利用。与传统的摩擦制动相比,再生制动不仅提高了能量效率,还有助于减少对传统制动器的磨损,延长其使用寿命。与此同时,这种制动时的能量回收也导致了功率流的方向发生了反转,变成从电机回到电源。再生制动的操作和管理与能量管理系统密切相关,这个系统与电控单元协同工作,确保在制动过程中最大限度地回收能量。此外,它还与充电系统合作,确保电池在安全的参数下充电,并实时监测电池的状态和使用情况,从而保障驾驶员和车辆的安全。电动汽车的辅助控制系统也是其正常运行不可或缺的部分,辅助动力源为这些系统提供不同级别的电压和所需的动力。例如,它能为车辆的动力转向、空调、制动系统以及其他关键的辅助设备供电,这不仅确保了驾驶的舒适性,还增强了安全性能。而方向盘不仅是驾驶员与车辆互动的主要接口,还为动力转向单元提供了关键的输入信号。基于驾驶员通过方向盘提供的输入,动力转向单元可以精确地调节车轮的转向角度,确保车辆在各种路况下行驶的灵活性和稳定性。

2.2　混合动力电动汽车

2.2.1　混合动力电动汽车简述

混合动力电动汽车是现代汽车技术的一大创新,它巧妙地融合了电动驱动系统和辅助动力单元(auxiliary power unit, APU)。这种设计的核心目的是优化燃油效率和降低排放,同时确保车辆有足够的动力。APU,作为这一系统的关键组件,可能是一个燃烧某种燃料的原动机,或者是由这种原动机驱动的发电机组,为电动驱动系统提供必要的电能。

从广义上看,混合动力电动汽车的定义非常宽泛。实际上,只要一辆车使用了两种或更多的储能器或能量转换器,并且其中至少有一个能为电动驱动系统提供电能,它都可以被称作混合动力电动汽车。这意味着,不仅仅是内燃机和电动机的组合,其他多种形式的能源组合也可以满足这一定义。但从狭义上,当人们谈论混合动力车辆时,它们通常指的是那些既有内燃机又有电机的汽车,这种车型在市场上更为常见,也更为大众所熟知。这种所谓的"油–电混合车"在众多汽车技术中独树一帜,它的出现标志着对传统汽车技术的一次重大革新。但值得注意的是,混合动力的概念不仅仅局限于此。液压储能式混合动力汽车和油-电混合动力汽车等相关的其他技术也在汽车领域有所应用，尽管它们并不在狭义的混合动力定义之内。

2.2.2 混合动力电动汽车的结构与工作原理

2.2.2.1 串联式混合动力电动汽车

串联式混合动力电动汽车的组成。串联式混合动力电动汽车主要由发动机、电动机、蓄电池组和发电机等部件组成。

串联式混合动力电动汽车的结构原理。在混合动力电动汽车中，发动机的主要功能是为发电机提供动力，从而产生电能，这些电能通过电机控制器直接传输到电动机，由其产生的转矩推动汽车前进。同时，部分电能会为蓄电池充电，以增加汽车的续航里程。此外，蓄电池可以独立为电动机提供电能，使汽车能在无污染的状态下行驶。其结构原理如图 2-2 所示。

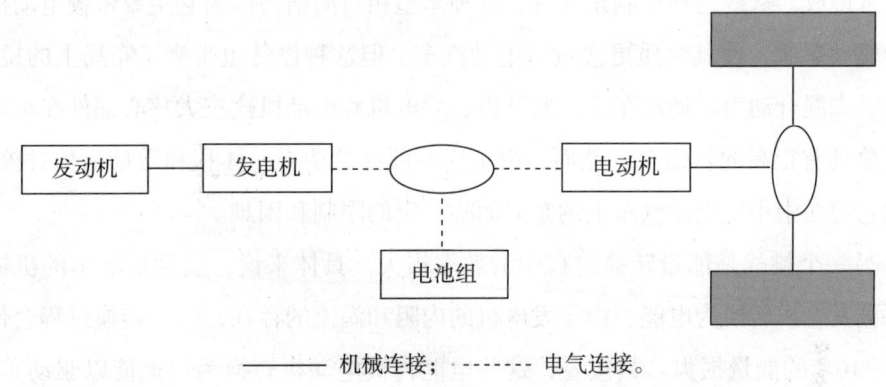

—— 机械连接；------- 电气连接。

图 2-2 串联式混合动力电动汽车的结构原理示意图

串联式混合动力电动汽车的动力流程。在串联式混合动力电动汽车中，汽车的行驶完全依赖电动机，而发动机的作用主要是为发电机提供动力来产生电。这些产生的电能与蓄电池输出的电能共同驱动电动机，电动机直接与驱动桥连接，将蓄电池中的电能转换为驱动汽车的机械能。当蓄电池电量低于特定值时，发动机启动为其充电。值得注意的是，发动机与驱动系统之间没有直接的机械连接，这样可以减少发动机对车辆的瞬态响应，这种设计允许发动机在其最佳工作状态下运行，通过优化喷油和点火控制来提高效率。其动力流程如图 2-3 所示。

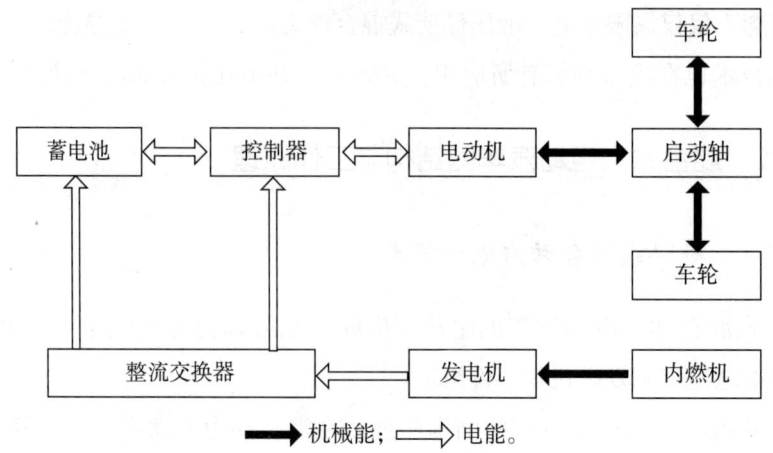

图 2-3 串联式混合动力电动汽车动力流程

串联式混合动力电动汽车在设计上有其独特的优点和挑战。其核心特点是发动机的运转状态往往维持在一个稳定、高效且低污染的水平上,从而最大限度地减少有害排放。从结构和控制角度看,这种车型相对简洁,因为它主要依赖电动机的电力驱动系统,使其性质更接近纯电动汽车。但这种设计也带来了布局上的挑战,在串联式混合动力电动汽车上,发动机、发电机和电动机这三大核心部件在车辆内的摆放具有很高的自由度。然而,由于这些部件的功率、体积和质量都相对较大,因此它们在中小型电动汽车上的布局面临一定的限制和困难。

另一个挑战是能量转换过程中的效率损失。具体来说,发动机输出的机械能需要被发电机转换为电能,由于发电机的内阻和涡流的存在,这一转换过程会带来 5%～10% 的能量损失。紧接着,这些电能再被电动机转换为机械能以驱动车轮,其中会有 15%～20% 的能量损失。因此,这种连续的能量转换使串联式混合动力电动汽车的整体效率低于传统的内燃机汽车。

尽管面临这些挑战,串联式混合动力系统在某些应用场景,如大型客车上,仍具有显著的优势。例如,BAE 系统公司制造的混合动力客车就采用了这种系统,充分体现了其潜在的优点。

2.2.2.2 并联式混合动力电动汽车

并联式混合动力电动汽车的组成。并联式混合动力电动汽车由发动机、电动机(兼作发电机)以及蓄电池构成。

并联式混合动力电动汽车的结构原理。并联式混合动力电动汽车结合了发动机和电动马达的优势,在行驶过程中能够实现更为高效的燃油利用。在这种系统中,发动机是主要的动力来源,而电动马达则在特定的驾驶场景,如起步和加速时,发挥其强大的即时动力输出功能,这不仅能提供更好的驾驶体验,也有助于减少燃油的消耗。这样的设计理念是基于电动马达在短时间内能提供高转矩的特性,从而使汽车在需要额外动力的时候,如爬坡或超车,能够获得电动马达的支持。此外,这种并联方式也降低了对燃油的依赖,有助于环境保护。

并联式混合动力电动汽车的设计相对简洁,主要是在传统汽车结构上增添了电动马达和蓄电池。根据需求,这种系统提供了多种配置选项。其核心在于发动机和电动机两套独立的驱动系统,它们通过各自的离合器驱动车轮。这使得车辆可以由发动机、电动机或两者结合驱动,总共提供了三种不同的驱动模式。发动机提供的功率大于车辆所需驱动功率或者当车辆制动时,电动机工作于发电机状态,都可以给蓄电池充电。发动机和电动机的功率可以互相叠加,发动机功率和电动机/发电机功率约为电动汽车所需最大驱动功率的 0.5～1 倍,因此可以采用小功率的发动机与电动机/发电机,使得整个动力系统的装配尺寸、质量都较小,造价也更低,行程也可以比串联式混合动力电动汽车远一些,其特点更加趋近于内燃机汽车。并联式混合动力驱动系统通常被应用在小型混合动力电动汽车上,其结构原理如图 2-4 所示。

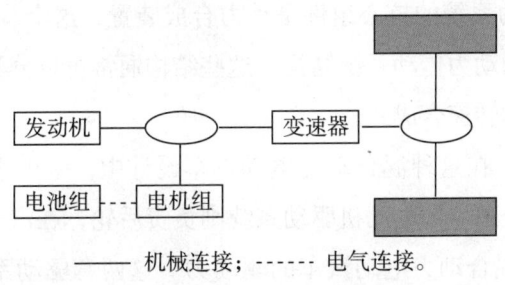

—— 机械连接;------ 电气连接。

图 2-4 并联式混合动力电动汽车的结构原理

并联式混合动力电动汽车的动力流程。在并联式混合动力电动汽车中,发动机和电动机通过特定的变速装置与驱动桥直接连接。电动机有助于平衡发动机的载荷,使其能在最高效率区域运行,从而提高燃油经济性。在轻载情况下,车辆可以仅依靠电动机运行，关闭发动机，从而提高燃油效率；同时，电动机也可以在这种情况下作为发电机为蓄电池充电。

在并联式混合动力电动汽车中，由于发动机在高速运行状态下能达到较高的效率，因此该类车辆在高速公路行驶时具有出色的燃油经济性。这种驱动系统设计具有两个独立的能量传输路径，允许电动机和发动机同时或分别作为车辆的动力源。这样的灵活配置不仅提供了多样的能量利用选项，还允许车辆在需要的时候以纯电动或低排放模式运行。然而，值得注意的是，虽然并联式混合动力系统提供了这种灵活性，但它不能同时从两种动力源获取最大输出，这意味着在某一时刻，车辆不能同时从电动机和发动机获得全部的动力能量。这种设计增加了车辆在不同行驶条件下的能效和适应性，但也存在一定的局限性。其动力流程如图 2-5 所示。

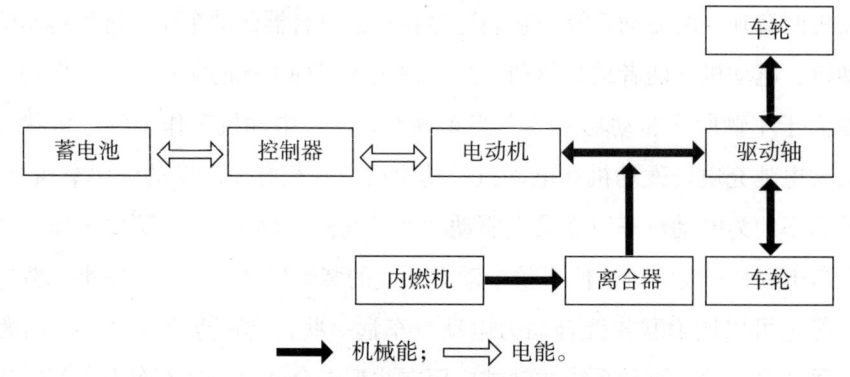

图 2-5　并联式混合动力电动汽车动力流程

并联式混合动力系统的核心组件是动力合成装置，这个装置有多种实现方式，因此也导致了多样的动力传动系统结构。这些结构通常可以分为三大类：驱动力合成式、转矩合成式和转速合成式。

驱动力合成式。在这种混合动力电动汽车设计中，一个小型发动机专门负责驱动前轮，而另一个独立的电动机驱动系统则负责后轮，在汽车启动、爬坡或者加速的时候可以增加混合动力电动汽车的驱动力。这两套驱动系统既可各自独立工作，也可联合操作，从而实现四轮驱动功能，赋予车辆四轮驱动特性。

转矩合成式（双轴式和单轴式）。在混合动力电动汽车中，发动机通过传动系统直接驱动车辆，并且可以直接（单轴式）或间接（双轴式）使电动机转动，以向蓄电池充电。反过来，蓄电池也能为电动机提供电能，用于启动发动机或者驱动汽车。

转速合成式。在这个混合动力电动汽车的驱动系统中，发动机和电动机都通过一个称为"动力组合器"的装置来推动车辆。这种设计允许使用内燃机车的大多数现有传动系统组件，因为电动机只需通过这个"动力组合器"与整个传动系统连接，结构简单，并且更易于改造和维修。通常情况下，这个"动力组合器"实际上是一个行星齿轮机构，它可以灵活地分配发动机和电动机之间的转速。然而，由于这两种动力源的转矩在这个特定的"动力组合器"中是固定的，为了达到最佳的传动效果，需要通过精密地调节发动机的节气门开度来与电动机的转速相配合。这样的设计虽然在传动效果上有优势，但使得控制系统变得相当复杂。因此，尽管该驱动方式在结构上相对简单和易于维护，但其控制装备的复杂性却是一个不可忽视的因素。

2.2.2.3 混联式混合动力电动汽车

混联式混合动力电动汽车的组成。混联式混合动力电动汽车主要构成元素包括发动机、发电机、电动机、行星齿轮机构以及蓄电池组。

混联式混合动力电动汽车的结构原理。发动机生成的功率有两个用途：一部分通过机械传动直接传送到驱动桥；另一部分用于驱动发电机以产生电能，这个电能随后被输送到电动机或蓄电池，电动机产生的驱动转矩则通过动力复合装置传递到驱动桥。在混联式驱动系统的控制策略中，车辆在低速行驶时主要采用串联驱动模式；而在高速稳定行驶时，则主要使用并联驱动模式。其结构原理如图 2-6 所示。

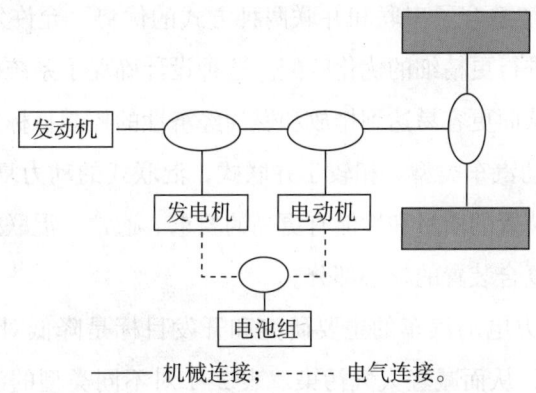

图 2-6 混联式混合动力电动汽车的结构原理

混联式混合动力电动汽车的动力流程。当前，混联式混合动力系统普遍采用行星齿轮机构作为动力分配装置。在这一最优化的混联式设计中，发动机、发电机和电动机都通过单一的行星齿轮装置相互连接。从发动机输出的动力首先传输到与其相连的行星架上，该行星架进一步将转矩分为两部分：一部分传送到发电机，另一部分传送到传动轴。与此同时，发电机也有能力驱动电动机，进而驱动传动轴。这种配置提供了两个自由度，允许系统自由控制两种不同的速度。值得注意的是，该车辆并不仅限于串联或并联驱动方式，而是两者都有，从而充分利用了串联和并联各自的优势。这种综合设计方式不仅提高了系统的灵活性，也增加了其效率和适应性。其动力流程如图 2-7 所示。

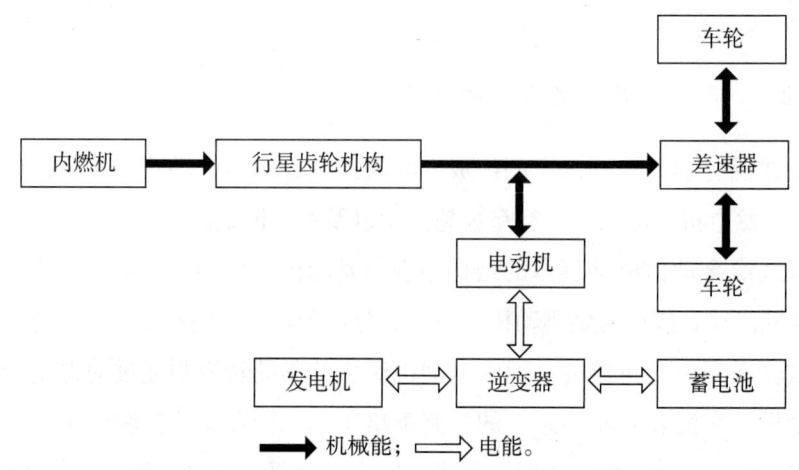

图 2-7　混联式混合动力电动汽车的动力流程

混联式驱动系统整合了串联和并联两种方式的优势，允许发动机、发电机和电动机等主要组件进行更精细的优化匹配。这种设计确保了系统能在各种复杂工况下达到最优性能，从而更容易达到排放和燃油经济性的控制目标，使其成为最有影响力的混合动力电动汽车类型。相较于并联式，混联式的动力复合结构更为复杂，因此对于动力复合装置的质量和性能有更高的要求。通常，混联式驱动系统以行星齿轮机构作为动力复合装置的核心部分。

显然，混合动力电动汽车的主要研究和开发目标是降低对石油能源的依赖，减少有害尾气排放，从而减轻大气污染。表 2-1 对不同类型的混合动力电动汽车在燃油经济性、尾气排放和控制难易程度等方面进行了比较。表 2-2 对不同类型的混合动力电动汽车在驱动模式、传动效率、整车布置、适用条件等方面进行了比较。

表 2-1　不同类型的混合动力电动汽车的比较

项　目	串联式	并联式	混联式
公路行驶燃油经济性	较优	优	优
城市行驶燃油经济性	优	较优	优
无路行驶燃油经济性	较优	优	优
低排放性能	优	较优	较优
成本	低	较低	较低
复杂程度	简单	较复杂	复杂
控制难易程度	简单	较复杂	复杂

表 2-2　不同类型的混合动力电动汽车特点的比较

结构模型	串联式	并联式	混联式
动力总成	发动机、发电机、驱动电动机三大动力总成	发动机、电动机/发电机或电动机两大动力总成	发动机、电动机/发电机、电动机三大动力总成
驱动模式	电动机是唯一的驱动模式	发动机驱动模式，电动机驱动模式，发动机、电动机混合驱动模式	发动机驱动模式，电动机驱动模式，发动机、电动机混合驱动模式
传动效率	能量转换效率较低	传动效率较高	传动效率较高
制动能量回收	能够回收制动能量	能够回收制动能量	能够回收制动能量
整车总布置	三大动力总成之间没有机械式连接装置，结构布置的自由度较大，但三大动力总成的质量、尺寸都较大，一般在大型车辆上采用	发动机驱动系统保持机械式传动系统，发动机与电动机两大动力总成之间被不同的机械装置连接起来，结构复杂，使布置受到一定的限制	三大动力总成之间采用机械装置连接，三大动力总成的质量、尺寸较小，能够在小型车辆上布置，结构更加紧凑
适用条件	适用于大型客车或货车，适应在路况较复杂的城市道路和普通公路上行驶，更加接近电动汽车性能	适用于中小型汽车，适应在城市道路和高速公路上行驶，接近普通的内燃机汽车性能	适用于各种类型的汽车，适应在各种道路上行驶，更加接近普通的内燃机汽车性能

2.3 燃料电池电动汽车

2.3.1 燃料电池电动汽车简述

2.3.1.1 燃料电池电动汽车的分类

第一，按有无其他蓄能装置分类。

根据是否搭载其他蓄能设备，燃料电池电动汽车可以分为两大类：纯燃料电池电动汽车和混合型燃料电池电动汽车。

第一类为纯燃料电池电动汽车。纯燃料电池电动汽车仅依赖燃料电池作为唯一的动力源，这意味着燃料电池需要具有较高的功率以承担汽车的所有功率负荷。该类型的电动汽车无法回收制动过程中产生的能量，因此在当前应用中相对较少。

纯燃料电池电动汽车的驱动系统是这样工作的：燃料电池系统生成的电能通过总线传输到驱动电动机，该电动机再将电能转换为机械能，进而通过传动系统使汽车行驶。

这种系统具有结构简单、部件少、易控制等优点，还有利于使整车轻量化，在一定程度上提高了能量的传递效率。但是，燃料电池功率大、成本也相对较高，对燃料电池系统的动态性能和可靠性提出了很高的要求。

第二类为混合型燃料电池电动汽车。为了解决纯燃料电池电动汽车的局限性，混合型燃料电池电动汽车在其系统中加入了其他蓄能设备，如蓄电池、超级电容或飞轮电池等。这些蓄能装置可以协助供电，因此可以在一定程度上减小燃料电池的功率，并且蓄能装置还能用于汽车制动时的能量回收，可以提高燃料电池电动汽车的能量利用率。

在混合型燃料电池电动汽车中，燃料电池和辅助蓄电池（或其他蓄能设备，如超级电容）共同为驱动电动机供电。驱动电动机把电能转换为机械能，再通过传动系统来推动汽车前行。

燃料电池电动汽车一般采用混合型结构，如图 2-8 所示。

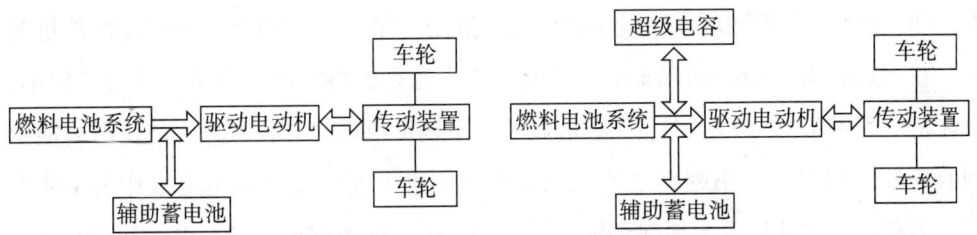

(a)燃料电池和辅助蓄电池形式动力系统结构　(b)燃料电池与蓄电池、超级电容形式动力系统结构

图 2-8　混合型燃料电池电动汽车动力系统示意图

第二，按燃料电池与蓄电池的结构关系分类。

根据混合型燃料电池电动汽车中燃料电池和蓄电池的电路结构的不同，可将其分为串联式和并联式两种。

第一类为串联式燃料电池电动汽车。串联式燃料电池电动汽车是一种特殊类型的电动汽车，其中燃料电池作为主要的电源用于产生电能。在这种设计中，燃料电池直接为一个或多个电动机提供电力，而不是通过一个内燃机来提供附加动力。电动机随后将电能转换为机械能，以驱动汽车的传动系统和轮子。这种结构的主要优点是没有涉及复杂的能量转换或传输过程，所以能量损失相对较少。然而，串联式燃料电池电动汽车通常需要一个较大功率的燃料电池系统以满足各种驾驶条件下的需求，这可能会增加其成本。此外，这种类型的电动汽车通常也不具备能量回收系统，因为所有的动力都来自燃料电池。串联式燃料电池电动汽车比较少见。图 2-9 为串联式燃料电池电动汽车动力系统示意图。

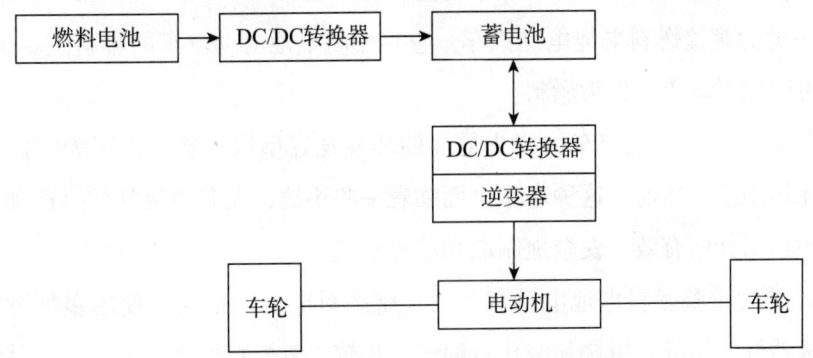

图 2-9　串联式燃料电池电动汽车动力系统示意图

第二类为并联式燃料电池电动汽车。并联式燃料电池电动汽车有两种主要类

型,即大燃料电池型和小燃料电池型,它们的区别在于燃料电池和蓄电池的能量配置。在大燃料电池型电动汽车中,主要电力来源是燃料电池,而蓄电池容量较小,仅在特定驾驶条件(如起步、加速和爬坡)下辅助供电,并在减速和制动时有能量回收功能。相对地,小燃料电池型电动汽车侧重于使用大容量蓄电池作为主要电源,燃料电池在这里更多地起到辅助供电的作用。两者都通过燃料电池和蓄电池共同为电动机供电。

并联式燃料电池电动汽车采用较多。图2-10为并联式燃料电池电动汽车动力系统示意图。

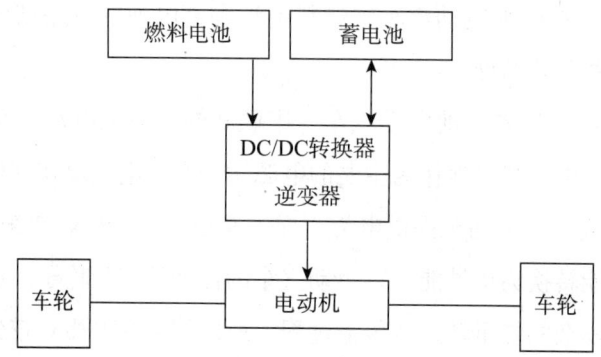

图2-10 并联式燃料电池电动汽车动力系统示意图

第三,按提供的燃料分类。

按照燃料电池所提供的燃料不同,燃料电池电动汽车通常可分为直接燃料电池电动汽车和重整燃料电池电动汽车两类。

第一类为直接燃料电池电动汽车。直接燃料电池电动汽车的燃料主要是纯氢,但是也可以用甲醇等来作为燃料。

直接燃料电池电动汽车被视为最佳的环境友好型汽车选项,因为它们的燃料排放是无污染的。然而,这种车型也面临着一些挑战,尤其与氢气的生产和存储有关,其中包括如何有效、安全地制取和储存氢气。

第二类为重整燃料电池电动汽车。重整燃料电池电动汽车使用多种燃料,如汽油、天然气、甲醇、甲烷和液化石油气。相较于氢燃料电池电动汽车,其结构更为复杂,以甲醇和汽油为例,甲醇需被加热至大约200 ℃以生成氢气,而汽油需要被加热至约1 000 ℃以分解出氢气,这些处理步骤增加了系统的复杂性。

2.3.1.2 燃料电池电动汽车对燃料电池的要求

燃料电池电动汽车对燃料电池性能的基本要求有以下几个方面。

第一，燃料电池应具备一定的性能标准以满足实用需求。具体而言，其比能量应不低于 150～200 W·h/kg，而比功率则应达到或超过 300～400 W/kg。这些性能指标应符合或超越美国先进电池联盟（United States advanced battery consortium, USABC）提出的电池性能和使用寿命要求，达成这些标准不仅能保证燃料电池的效能和可靠性，还能符合行业认可的性能准则。

第二，燃料电池应具有出色的环境适应性，能在低至 −20 ℃ 的温度条件下正常启动和运行。除此之外，它还应具有高度的安全性和密封性能，以防止燃料气体结冰或泄漏。这确保了在各种环境和工况下的可靠性和安全操作。

第三，所有的结构组件都应具有足够的强度和稳定性，能够在负荷波动的环境中正常工作，这些组件需经过设计，以抵抗燃料电池电动汽车在行驶过程中可能遭受的振动和冲击。

第四，除了需要实现零排放外，燃料电池电动汽车的动力性能也应达到或接近于内燃机车辆的水平，同时还要保证性能的稳定性和可靠性。

第五，为了符合燃料电池电动汽车的装车标准和要求，所有附加技术装备必须设计得尽可能轻巧和紧凑。这样的设计旨在优化装配过程，确保辅助设备不会过大或过重，从而影响车辆的整体性能和空间利用率。简而言之，辅助技术装备的尺寸和重量需要精心优化，以便与燃料电池电动汽车的具体需求相匹配。

2.3.1.3 燃料电池电动汽车的特点

第一，由于燃料在电化学反应中直接生成电能，而不需要经过热能转换阶段，燃料电池不受卡诺循环效率限制的影响，因此它们具有非常高的能量转换效率。实际上，这种转换效率可以达到 50%～70%，远高于许多其他类型的能量转换方法。这一优势使燃料电池在能效方面表现出色。

第二，当燃料电池使用氢作为燃料时，其排放物仅为水，因此是一种零污染的能源利用方式。而如果使用甲醇或汽油等其他类型的燃料，虽然会产生一定量的二氧化碳，但其量仍然只有使用传统汽油发动机产生的二氧化碳的一半。因此，燃料电池相对更环保。

第三，燃料电池电堆的构造具有高度的灵活性，能由多达数千个单体电池通过串联或并联的方式组成。这样的设计允许在考虑质量均衡和空间有效利用的前提下，进行灵活而有效的配置。

第四，燃料电池系统没有运动组件，因此振动和噪声都相对较低。此外，由于缺乏机械运动部件，因此对制造中的机械加工精度的要求也不是特别严格。

2.3.2 燃料电池电动汽车的结构与原理

当前，大多数燃料电池电动汽车使用的是混合型燃料电池驱动系统。这种系统主要由燃料电池系统、辅助动力源、DC-DC转换器、驱动电动机和动力电控系统等部分组成。

2.3.2.1 燃料电池系统

燃料电池系统用以确保燃料电池正常工作，主要由燃料供应系统、氧化剂系统、发电系统、水管理系统、热管理系统、电力系统、控制系统以及安全系统组成。

燃料供应系统。燃料供应系统为燃料电池提供燃料，如氢气、天然气、甲醇等。这个系统直接采用氢气比较简单，如果用石化燃料制取氢气则相当复杂。

氧化剂系统。氧化剂系统的主要任务是为燃料电池供应氧气，该氧气可以来自空气或氧气罐。如果使用空气，需要借助压缩机来提高压力，以加速电池内的化学反应，压缩机的性能必须满足特定标准，因为它会增加整个燃料电池系统的重量、体积和成本。此外，压缩机的功率消耗还会降低燃料电池的整体效率。

发电系统。发电系统就是燃料电池自身，它通过电化学方式将燃料和氧化剂的化学能直接转换为电能，不需要进行燃烧过程。

水管理系统。水在燃料电池中起到关键作用，因为质子通常以水合离子的形式传导。水量不足会影响电解质膜的质子传导能力，从而降低电池性能。同时，阴极会生成水，水必须被及时排出，以防电极被"淹没"和电池失效。因此，对水的管理在燃料电池运作中是至关重要的。

热管理系统。在大功率运行下，燃料电池由于内阻会产生热量，这些热量通常与发电量相当。因为燃料电池有工作温度限制，例如质子交换膜燃料电池应维持在80 ℃以下，所以需要及时排除生成的热量。否则，电池可能会过热，导致电解质膜损坏。

电力系统。电力系统负责把燃料电池生成的直流电转化为用户可用的电力。首先，燃料电池输出的直流电需通过DC-DC转换器进行电压调整，如果驱动系统采用交流电动机，还需要通过逆变器把直流电转换为三相交流电。

控制系统。燃料电池的控制系统主要负责电池系统的开启和关闭，确保电池系统在稳定参数下运行，以及对电池运行状况进行实时监控和评估。

安全系统。氢作为燃料电池的核心燃料，其安全至关重要，包括氢气检测器、数据处理系统和灭火装置在内的安全系统是必需的。氢的储存和运输是燃料电池应用中的关键技术，主要有储氢和重整制氢两种方法。

第一种方法：储氢。当前，主流的氢存储技术包括高压存储、液态存储和通过储氢材料进行存储。其中，利用储氢材料，特别是碳纳米管，显示出更多优点和更佳的储氢效果。表2-3为这三种储氢技术的比较。

表2-3 三种储氢技术的比较

储氢技术		高压储氢	液态储氢	储氢材料储氢	
				Ti系储氢合金	碳纳米管
安全性		低	低	较高	
能源综合利用率		低	较低	高	
储氢能力	单位质量储氢量/%	—	—	2	4
	单位体积储氢量/(kg/m^3)	31.5	71	61	160
能量密度	单位质量能量密度/($kW·h/kg$)	—	—	0.79	5.53
	单位体积能量密度/($kW·h/L$)	1.24	2.8	2.4	6.32
优点		简单方便	储运效率高、装置质量轻、体积小、储氢压力低	安全性好、运输方便、操作比较容易	
缺点		空间有限，必须使用耐高压容器等，储氢压力过大，安全性降低等，充氢操作复杂，成本增加	氢气液化耗费大量能源；必须使用耐超低温的特殊容器，使用中存在危险，充氢系统复杂	成本相对较高，受制于材料的储氢性能、储氢器的结构以及储氢系统的整体设计	
应用		多		少	少

随着材料科学的进步，储氢技术的研究主要关注三个方面：一是研发密度更低、强度更高的材料，以便在储氢罐中增加压力；二是开发具有更好绝热性能的材料，以减少液态氢的蒸发并提升使用安全性；三是致力于开发高容量储氢材料，尤其是优化碳纳米管等的制造技术。

第二种方法：重整制氢。燃料电池使用的燃料——氢气可以由重整器提供。重整器使用的原料可以是天然气、汽油、柴油等各种烃类以及甲醇、酒精等各种醇类燃料。目前使用的重整技术主要有蒸汽重整、部分氧化重整、自动供热重整以及等离子体重整等。蒸汽重整是目前使用最广泛的制氢方式。

表 2-4 为各种重整技术的简介。

表 2-4 各种重整技术的简介

种 类	简 介
蒸汽重整	蒸汽重整是一个化学过程，氢通过碳氢化合物燃料和高温水蒸气之间的化学反应生成
部分氧化重整	部分氧化重整是将燃料和氧相结合制氢，并生成一氧化碳。部分氧化重整的产氢率比蒸汽重整低，但它结构紧凑、成本低、启动时间短、动态响应速度快，对燃料的适应性更强，更具潜力。部分氧化重整最好用纯氧，但价格较高
自动供热重整	自动供热重整是将燃料与水蒸气两者结合，由水蒸气重整反应吸收的热量平衡了从部分氧化重整反应中所放出的热量 相对于蒸汽重整，它结构简单，无须庞大的换热装置，制造成本低，对燃料的要求也降低，可使用醇类和重烃类的液体燃料 相对于部分氧化重整，其系统效率提高了，但控制比较困难，且在重整中容易产生积碳现象而损伤催化剂
等离子体重整	等离子体重整是一种先进的制氢技术，采用等离子激发重整反应的发生。其优点是能量密度很高，启动快，动态响应快，基本不需要催化剂，对燃料的适应性很强，除轻质烃外，各种重质烃、重油、生物质燃料甚至垃圾燃料都可用

2.3.2.2 辅助动力源

燃料电池电动汽车除了主要使用燃料电池作为电源外，还配备有其他辅助动力源，例如蓄电池、超级电容或飞轮电池。根据车辆的设计需求，可以选择不同类型的辅助电源。这些电源可以与燃料电池组合成双电源的混合动力系统，或者通过融合蓄电池、超级电容和燃料电池，或者蓄电池、飞轮电池和燃料电池，形成一个三电源系统。

给燃料电池电动汽车配备辅助动力源的作用主要有以下几点。

第一，当电动汽车开始启动时，电能是由辅助动力源提供的，用于引发燃料电池的启动或使车辆开始行驶。

第二，电动汽车在行驶中，如果燃料电池产生的电量超过驱动车辆所需的能量，额外的电能可以被辅助动力源储存起来。

第三，当电动汽车需要加速或爬坡时，辅助动力源可以提供额外的电能，以补充燃料电池输出不足的部分，确保电动机得到充足的电量，从而生成足以满足车辆加速和爬坡需求的电磁转矩。

第四，为了确保电动汽车中各种电子设备和电器能够正常运行，需要提供相应的电能作为它们的工作电源。这样，车辆内的各种电子组件和电气系统都能得到稳定和持续的电力支持。

第五，当电动汽车进行制动时，其驱动电动机会切换至发电机模式，把车辆的动能转化为电能。这些电能随后会被存储到辅助动力源中，从而实现在制动过程中对能量的回收。

2.3.2.3 DC-DC 转换器

DC-DC 转换器在电子控制器的管理下，用于调整燃料电池产生的直流电压。由于燃料电池的电流只能单向流动，因此电子控制器通过改变 DC-DC 转换器的输出电压，可以将燃料电池较低的电压提升至电动机需要的电压水平。

DC-DC 转换器主要有以下作用。

第一，调节燃料电池的输出电压。燃料电池的输出电压会因负载变化而波动，轻载时电压高，重载时电压低，这不适应电动机的电压需求。因此，使用 DC-DC 转换器是必要的，以调整燃料电池的输出电压至合适水平。

第二，调节整车能量分配。燃料电池电动汽车搭载了燃料电池和辅助动力源两种能量供应源。DC-DC 转换器用于调节燃料电池的能量输出。如果燃料电池提供的能量不足以驱动电动机，辅助动力源会补充缺失的能量；反之，如果燃料电池输出过多的能量，这些多余的能量会被存储到蓄电池中。

第三，稳定整车直流母线电压。通过 DC-DC 转换器，燃料电池的输出电压被稳定，从而确保整车直流母线电压也保持稳定，起到了稳压作用。

2.3.2.4 驱动电动机

驱动电动机的作用是将电源所提供的电能转换为电磁转矩,通过传动装置驱动车辆行驶。

燃料电池电动汽车的驱动电机有多种选项,包括直流电动机、交流电动机、永磁电动机和开关磁阻电动机等。选择合适的驱动电动机需要根据整车的开发目标,并综合考量电动机各自的特性。

2.3.2.5 动力电控系统

燃料电池电动汽车的动力电控系统主要由燃料电池管理系统、辅助动力源管理系统、电动机驱动控制系统和整车控制系统组成,其系统结构示意图如图2-11所示。

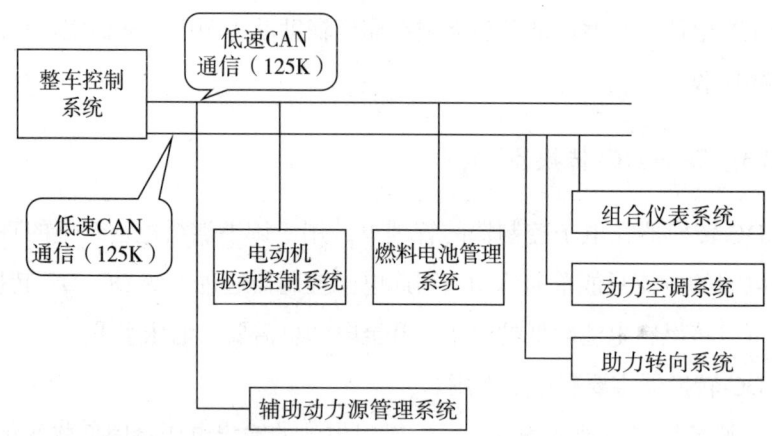

图2-11 燃料电池电动汽车动力电控系统结构示意图

燃料电池管理系统负责调控燃料电池的功率输出,监测其工作状况,确保其稳定和可靠的运行,同时执行故障诊断和管理任务。

辅助动力源管理系统监测辅助动力源的充电、放电和储电状况,确保其正常运行。在电动汽车启动、加速和爬坡等特定工况下,该系统协助提供电能。同时,该系统也存储燃料电池输出的多余电能,并在制动时进行能量回收。

电动机驱动控制系统主要负责调整电动机的转速和转矩,管理电动机的工作模式,并提供电动机过载保护等功能。

单元3 动力电池

3.1 动力电池的结构

动力电池由多个单体电池组成，这些单体电池储存化学能并可转化为电能。将一个或多个这种单体电池串联组成电池组，然后封装在一个箱体内，以为电力电子驱动系统提供必要的总电压和能量。接下来，将以常用的化学电池为例，详细介绍动力电池的结构。电池中储存的能量与其化学组件在充放电过程中的固有能量不是一回事。只有当单体电池的基础化学组件被激活工作时，化学能量才能被转换成电能。这些基本部件就是电池的基本组成部分，包括正极活性材料、负极活性材料、电解质、隔膜、电池壳体、导电栅、汇流柱、极柱以及安全阀等，具体结构如图3-1所示。在动力电池运行过程中，两个电极发生化学反应，一个电极释放电子，另一个接收电子。这两个电极由导电材料制成，用隔膜隔开，并置于电池容器内，电极与外界的连接称为电极柱，外部电路确保电池的化学能量仅在需要时才被释放。下面简要介绍动力电池主要组件的功能。

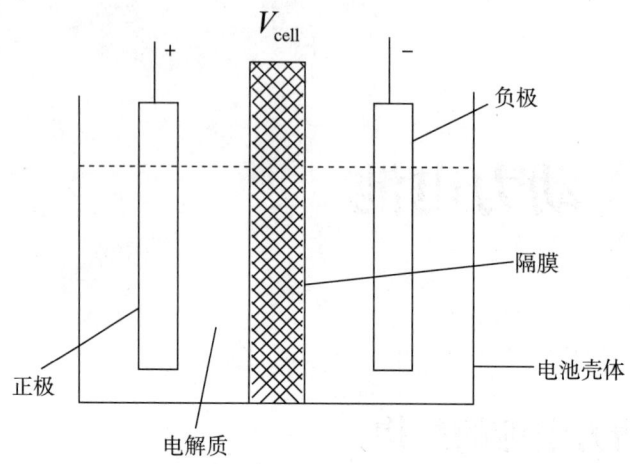

图 3-1 动力电池结构

3.1.1 正极

正极由氧化物、硫化物或其他混合物组成,通常是固态的。在电池放电的过程中,正极会发生还原反应,并从外部电路接收电子。典型的正极材料有二氧化铅(PbO_2)和氢氧化镍[$Ni(OH)_2$]。

3.1.2 负极

负极由某种金属或合金组成,一般以固态存在于电池内。在电池放电时,负极会进行氧化反应并向外部电路释放电子。常见的负极材料包括铅(Pb)和镉(Cd)。

3.1.3 电解质

电解质是一种介质,它在电池的正负极之间输运离子、传导电流。当电极发生化学反应时,电解质需要具有高离子导电性。同时,它还需要具有电子绝缘的特性,以防止电池内部发生自放电现象。电解质的材料可为液体、胶体或固体。例如,传统的铅酸电池和镍氢电池使用液体电解质,如硫酸溶液。而用于电动汽车的高级动力电池(包括密封铅酸蓄电池、镍氢电池和锂离子电池)通常使用胶体、糊剂或树脂作为电解质,锂聚合物电池则使用固态电解质。

3.1.4 隔膜

隔膜是一种电绝缘材料，用于分隔电池的正负极。它不仅允许电解质中的离子穿越，还有固定和存储电解质的作用。目前，这些隔膜主要由高分子聚合物制造。

3.2 电池管理系统

电池管理系统（battery management system, BMS）是电池与用户之间的纽带，主要目的是通过优化电池的使用效率来确保电池的安全和性能，防止因过度充电或过度放电而导致电池损坏或性能下降。

3.2.1 监测功能

BMS 的核心功能是对电池单体进行电压、温度、电流、绝缘以及高压互锁的精确测量。这些基础数据为整个 BMS 的高级计算、控制策略以及确保动力蓄电池高压安全提供了关键信息。

3.2.1.1 监测电池单体（或单元、模块）的电压

对电池单体（或单元、模块）的电压进行监测，BMS 具有三个关键性的功能。

第一，对各个电池单体（或单元、模块）的电压进行累加，可以计算出整个动力电池系统的总电压值。

第二，比较电池单体（或单元、模块）之间的电压差异，可以有效地识别和评估这些单体（或单元、模块）在性能和状态上的不同。这对于 BMS 的优化和维护至关重要。

第三，监测电池单体（或单元、模块）的电压，BMS 能够准确地了解这些单体（或单元、模块）的当前运行状态，从而更有效地进行管理和维护。

图 3-2 为宝马 i3 车型动力电池的监控电子装置。在宝马 i3 车型中，动力电池的监控电子装置以高扫描率（每 20 ms 进行一次测量）对电池模块的电压进行监测。通过这种电压测量，系统能够判断充电或放电过程是否已经完成。

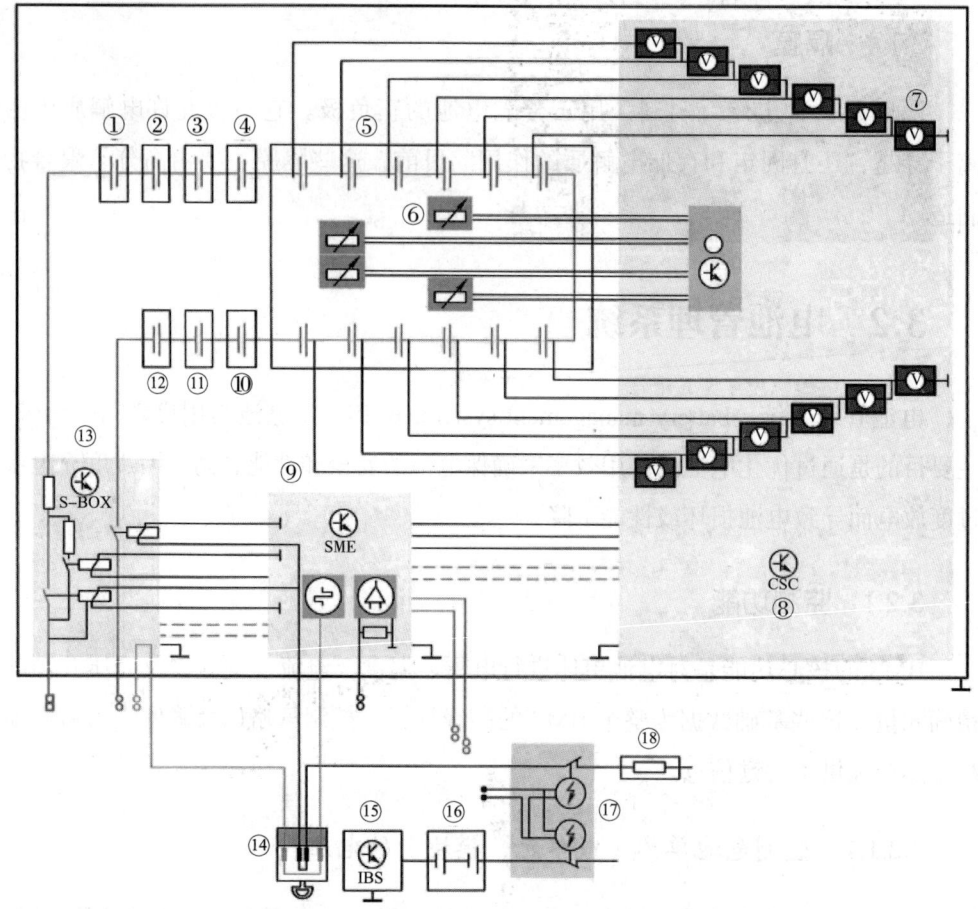

①—电池模块1；②—电池模块2；③—电池模块3；④—电池模块4；⑤—电池模5；
⑥—电池模块上的温度传感器；⑦—电池电压测量；⑧—电池监控电子装置；⑨—蓄能器管理电子装置；
⑩—电池模块6；⑪—电池模块7；⑫—电池模块8；⑬—安全盒；⑭—售后服务时断开连接；
⑮—智能型蓄电池传感器；⑯—12 V 蓄电池；⑰—安全型蓄电池接线柱；⑱—前部配电盒。

图 3-2　宝马 i3 车型动力电池监控电子装置

图 3-3 是丰田 AHR10W 车型动力电池电压监测位置和检测回路。6 个 1.2 V 单元串联组成 1 个模块，28 个这样的模块串联，因此混合动力蓄电池（HV 蓄电池）总共使用 168 个单元，等于 201.6 V。动力电池的电子控制单元（electronic control unit, ECU）将 2 个模块作为 1 个蓄电池单元，并检测 14 个蓄电池单元的电压。根据对这些电压信号的检测，可以确定蓄电池单元内某一个信号单元的故障。

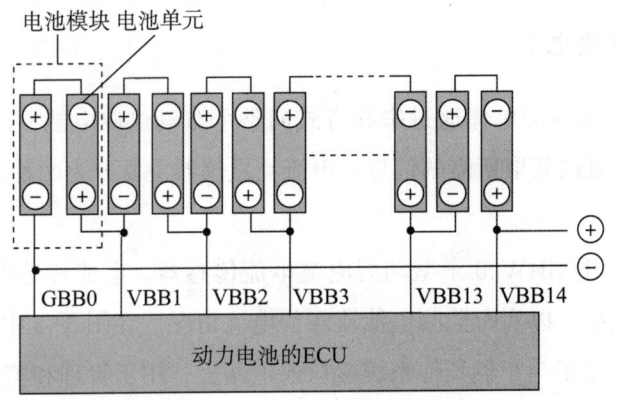

图 3-3　丰田 AHR10W 车型动力电池电压监测位置和检测回路

3.2.1.2 监测电池温度

动力电池的温度主要通过温度传感器来监测。温度数据可用于判断电池是否过载或存在电气故障，如出现温度异常，应立即减小电流或关闭高电压系统以防电池发生进一步损坏。同时，这些温度读数也用于调整冷却系统，以确保电池在有益于其性能和寿命的温度范围内运行。

动力电池的温度变化时，它的电阻值也随着变化，如图 3-4 所示。

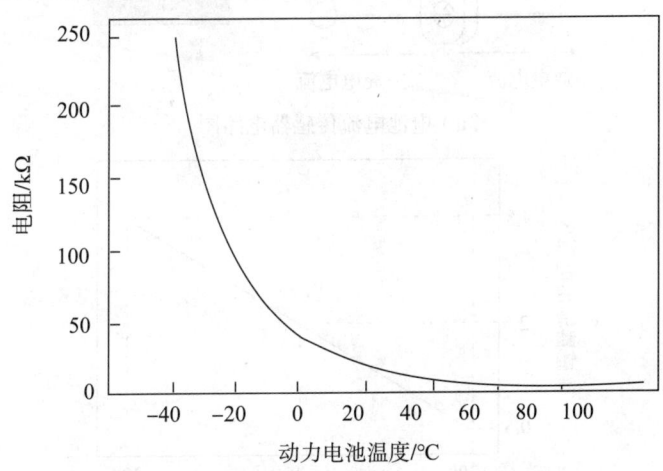

图 3-4　丰田 AHR10W 车型动力电池温度传感器

动力电池的 ECU 根据来自温度传感器的信号，负责管理和控制蓄电池冷却风扇的运作，以维持电池在一个理想的温度范围内。

3.2.1.3 监测电流

由于动力电池内的单体通过串联方式向整个车辆供应电能,因此通常仅需对一个电流进行测量以获取所需的信息。电流测量仪器主要分为两种:智能分流器和霍尔电流传感器。

图 3-5 是丰田 NHW20 车型动力电池电流传感器,电流传感器与动力电池的高电压电缆相连接,以实时监测电池流经的电流情况。在图 3-5 中,VIB(vehicle interface board)是指与车辆其他系统接口的电路板,用于管理和监控电池状态;IB(interface board 或者 input buffer)是指用于处理输入信号的接口板,这种板通常负责收集和缓冲来自电池各部分的数据;GIBF(general interface buffer function)指通用的接口缓冲功能,用于处理和暂存从电池到控制单元的数据传输。

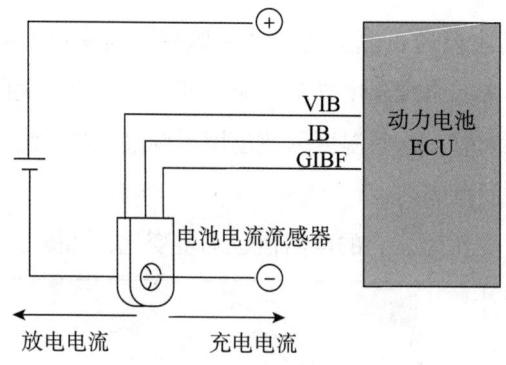

(a)电池电流传感器电路图

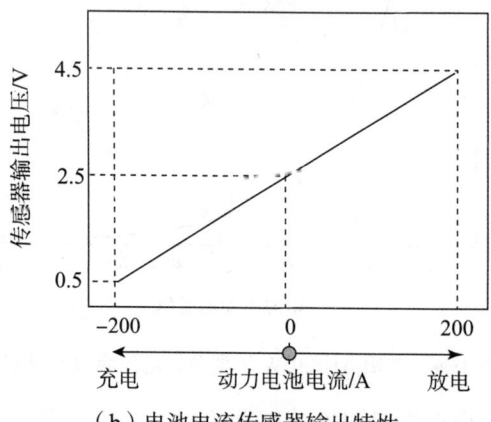

(b)电池电流传感器输出特性

图 3-5 丰田 NHW20 车型动力电池电流传感器

电流信号在 0 ~ 5 V 变化。在动力电池 ECU IB 端子接收到这一信号时，如果电压为 2.5 V，则表示 HV 蓄电池正在充电；若电压超过 2.5 V，则表示 HV 电池处于放电状态。

3.2.1.4 绝缘电阻监测

动力电池 ECU 内的"漏电检测电路"在电动汽车中不断地监测高压电路与车身之间的绝缘电阻。若该电阻低于设定的标准，系统会生成并存储一个"高压绝缘异常"的故障码（diagnostic trouble code, DTC）。同时，通过组合仪表（例如，亮起主警告灯）来提醒或警告驾驶员异常情况。图 3-6 是丰田混合动力车型的绝缘电阻检测电路。

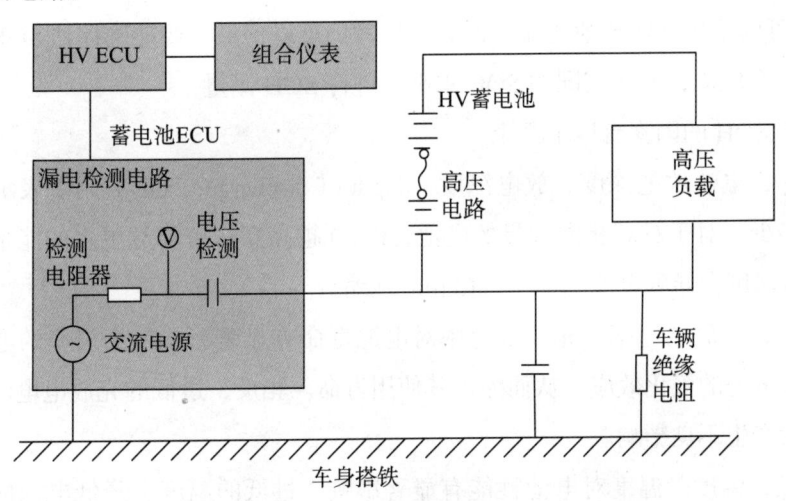

图 3-6　丰田混合动力车型的绝缘电阻检测电路

3.2.2　状态计算功能

在动力电池系统中，最关键且最具挑战性的部分是对剩余电量（state of charge, SOC）、电池健康状态（state of health, SOH）以及功率状态（state of power, SOP）进行准确的估算和测量。这些参数对系统的性能和稳定性有着至关重要的影响。

3.2.2.1　SOC

SOC 用来表示电池当前剩余容量与其满充状态下容量的比率，通常以百分比形式呈现。它的取值范围是 0%～100%，其中 0% 表示电池已完全放电，而 100% 则意味着电池已充满。

3.2.2.2 SOH

SOH 的标准定义是在标准条件下动力电池从充满状态以一定倍率放电到截止电压所放出的容量与其所对应的标称容量的比值，该比值是电池健康状况的一种反映。蓄电池满充容量相对额定容量的百分比，新出厂电池为 100%，完全报废为 0%。

SOC 与 SOH 的关系。一般而言，SOC 关注电池电量的短期变化，而 SOH 则描述其长期健康状况。SOH 不需要连续测量，根据应用场景，定期检测即可。尽管 SOH 可以用来预估电池寿命，但突发故障仍难以预见。要准确评估 SOH，需要知道当前的 SOC，或在相同的 SOC 水平下进行 SOH 测量。

影响 SOH 的因素有以下几个。

第一，电池放电深度。放电深度（depth of discharge, DOD）用于表示电池放电量的多少。对于具有相同容量的电池，DOD 越高意味着释放更多的能量，这样的高放电深度会导致电池的使用寿命相应地缩短。

第二，充放电速率。充放电速率对电池寿命有显著影响，高倍率的电流充放电会加强电池的极化效应，从而缩短其使用寿命。相反，过低的充放电电流也会对电池寿命产生不良影响。

第三，温度。温度对电池性能有显著影响，过低的温度会降低电池内部电解液的活性和充放电效率。过高的温度则会破坏电池内的化学平衡，导致电池材料结构变形，从而减少电池的使用寿命。

第四，过充与过放电。电池放电到截止电压以下，会触发不可逆的化学反应，减少电池的活性物质，从而缩短使用寿命。过度充电同样会对电池寿命造成负面影响。

3.2.2.3 SOP

SOP 用来权衡多重因素的影响，指导控制单元［如车辆控制单元（vehicle control unit, VCU）］更合理地使用动力电池系统。对于纯电动车辆，动力电池是唯一的能量获取来源。SOP 策略相对简单。而对于混合动力车辆，一方面动力电池容量小则必然在运行中需要高倍率输出，对功率平稳输出的优化就更为重要；另一方面内燃机系统（或燃料电池系统）如何与动力电池进行功率分配才得以实现低能耗、高性能也需要通过 SOP 算法来优化。用户可以根据实际需求来选择是希望车辆性能更强劲或是电池系统寿命更长久。

3.2.3 系统辅助功能

BMS 的附加功能主要涵盖了继电器控制、温度管理和充电调节等方面，该系统通常与整车控制系统或其他相关系统协同工作。

3.2.3.1 系统主继电器控制

动力电池系统通常包含多个继电器，BMS 需要负责继电器的驱动和状态监测，通常与整车控制器协同进行。同时，安全气囊控制器输出的碰撞信号通常会直接影响继电器的断开。

电池包内通常包括主正、主负、预充继电器和充电继电器，而在电池包外部，还有一个独立的配电盒，用于对整个电流进行更精细的分配。

系统主继电器是根据动力蓄电池 ECU 信号连接或切断高压供电电路的继电器，一般采用三个继电器以确保正常工作。

3.2.3.2 热控制

蓄电池的化学性能受温度影响显著。为了延长电池寿命，必须确保电池在合适的温度范围内运行，并根据温度调整给整车控制器的最大功率输出和输入。因此，电池温度过高时需要降温，温度过低时需要适度加热。

降温。动力电池降温主要采用风冷与水冷两种冷却方式。

升温。当动力电池的温度偏低时，通过使用加热器来加热冷却液，进而间接地提升动力电池的温度。这样的设计确保了电池在适宜的温度范围内工作。

充电控制。BMS 主要负责监控电池在充电阶段的电流需求。在交流充电系统里，BMS 需执行脉宽调制（pulse-width modulation, PWM）控制来引导电路的相互作用。在直流充电时，尤其要注意在高 SOC 状态下允许的充电电流。按照国家标准要求，BMS 需要与外界直接进行信息交流，以共享充电过程中的各种数据。

3.3 蓄电池的分类

3.3.1 第一种分类方法

根据正、负极材料特性和电化学成分的不同，常用电池有三种分类方法。

3.3.1.1 按电解液种类分类

碱性电池。碱性电池主要使用氢氧化钾水溶液作为电解质，包括碱性锰电池（也称为碱锰电池或碱性电池）、镍镉电池和镍氢电池等。

酸性电池。酸性电池通常使用硫酸水溶液作为电解质，例如常见的铅酸蓄电池。

中性电池。中性电池使用盐酸溶液作为电解质，包括锌锰干电池和海水激活电池等不同类型。

有机电解液电池。有机电解液电池以有机溶液作为电解质，其中最为典型的例子是锂离子电池，这类电池主要利用有机溶液进行电化学反应，以存储和释放电能。

3.3.1.2 按工作性质和储存方式分类

一次电池。一次电池，也被称为原电池，是一种只能使用一次而不能重新充电的电池。这类电池是单次使用的，一旦电量消耗完毕，就无法再进行充电以恢复其电能。

二次电池。二次电池是一种可重复充电和使用的电池类型，包括铅酸电池、镍镉电池、镍氢电池以及锂离子电池等多种形式。这些电池设计用于多次充放电周期，而不是单次使用。

燃料电池。现在主要类型的燃料电池以氢和氧作为燃料，这两种元素在反应器内发生反应以产生电能，通常被称为氢燃料电池。除此之外，还存在金属燃料电池等其他种类。

储备电池。储备电池储存电时电极不直接接触电解液,直到需要放电时,才会向电池加入电解液,如镁-氯化银电池,又称海水激活电池。

3.3.1.3 按电池的正、负极材料分类

锌系列电池:如锌锰电池、锌银电池等。
镍系列电池:如镍镉电池、镍氢电池等。
铅系列电池:如铅酸电池等。
锂系列电池:如锂离子电池、锂聚合物电池和锂硫电池等。
二氧化锰系列电池:如锌锰电池、碱锰电池等。
空气(氧气)系列电池:如锌空气电池、铅空气电池等。

3.3.2 第二种分类方法

根据电解液的不同,电动汽车使用的动力蓄电池可以分为液态锂离子电池和聚合物锂离子电池两种。

3.3.2.1 液态锂离子电池

特点。液态锂离子电池是一种可充电的电池,也被称为二次电池,其充放电过程主要依赖锂离子(Li^+)在电池的正极和负极之间的移动。在这种电池里,正极可以由多种材料制成,包括钴酸锂、锰酸锂、三元材料或磷酸铁锂,而负极通常由石墨构成。电池的充放电过程涉及锂离子在两个电极间的嵌入和脱嵌,这一过程也被称为"摇椅式"电化学反应。值得注意的是,在这一系列嵌入和脱嵌的过程中,锂离子并不会经历化学变化或重组,这一特性使得液态锂离子电池具有较长的使用寿命。

工作原理。液态锂离子电池是一种依靠锂离子浓度差异工作的电池。其正负极都是由具有不同锂离子嵌入能力的化合物组成的。具体来说,正极可能是Li_xCoO_2、Li_xNiO_2或$Li_xMn_2O_4$这样的锂化合物,而负极则是像Li_xC_6这样的锂与碳的层间化合物。电解质一般使用如$LiPF_6$和$LiAsF_6$的有机溶液。电池的充电和放电行为是通过锂离子在正负两极之间往返嵌入和脱嵌来实现的。

在充电过程中,锂离子从正极脱嵌,通过电解液移动到负极并嵌入负极的碳

层微孔里，使得负极处于富含锂状态。嵌入到负极的锂离子数量越多，电池的充电量也就越高。

在放电过程中，之前嵌入负极碳层的锂离子会脱嵌并移动回到正极，使负极处于锂含量较低的状态。锂离子回到正极的数量越多，电池的放电容量也就越大。

锂离子电池的电极反应表达式如下所示。

正极反应式为：

$$LiMO_2 \rightarrow Li_{1-x}MO_2 + xLi^+ + xe^- \tag{3-1}$$

负极反应式为：

$$nC + xLi^+ + xe^- \rightarrow Li_xC_n \tag{3-2}$$

电池反应式为：

$$LiMO_2 + nC \rightarrow Li_{1-x}MO_2 + Li_xC_n（脱嵌与嵌入反应）\tag{3-3}$$

3.3.2.2 聚合物锂离子电池特点

聚合物锂离子电池具有以下特点。

轻便和薄型。这种电池采用了聚合物材料作为电解质，在结构上更加轻便和薄型，相较于传统的液态锂离子电池具有明显的重量和厚度优势。

灵活性高。由于这种电池使用了聚合物电解质，有更多的形状和尺寸可供选择，因此这种电池可被定制成符合不规则和复杂设备设计需求的电池。

安全性更高。与液态锂离子电池相比，聚合物锂离子电池通常被认为更加安全，主要原因是它们使用的电解质是固态或凝胶状，而非易燃的液态物质。

高能量密度。尽管聚合物锂离子电池的能量密度通常略低于液态锂离子电池，但是它们仍然具有相当高的能量存储能力，这使它们成为多种应用场景中一个可靠的电源选项。

良好的电压稳定性。在充电和放电的全过程中，聚合物锂离子电池展示出相对平稳的电压曲线。这一特性使它们特别适用于那些需要稳定电源以保证性能和可靠性的各种应用场景。

低自放电率。相对于其他电池技术,聚合物锂离子电池具有更低的自放电率。这意味着在未使用或长时间储存的情况下,它们能更有效地保持其储存的电量,从而延长使用周期。

成本较高。由于聚合物锂离子电池的制造过程涉及复杂的工艺和高级材料,因此它们通常具有较高的生产成本。这也使得这种电池在市场上的价格相对更高。

寿命限制。虽然聚合物锂离子电池具有一定的循环使用寿命,但与其他一些电池类型相比,例如镍金属氢电池,其寿命相对较短。这意味着在长期使用或高负荷条件下,它们可能需要更频繁的更换或维护。

温度敏感。在极端温度下性能会受到一定影响,尤其是在低温环境中。

充电速度。一般来说,聚合物锂离子电池的充电速度较慢。

3.3.3 第三种分类方法

根据正、负极材料不同,电动汽车动力蓄电池可以分为锂离子电池、三元材料电池或镍氢电池,目前大多电动汽车使用锂离子电池或三元材料电池,这两类电池有如下分类。

3.3.3.1 锂离子电池

锂离子电池可分为磷酸铁锂电池(LFP 电池)、锰酸锂电池(LMO 电池)、钴酸锂电池(LCO 电池)。

3.3.3.2 三元材料电池

三元材料电池可分为 NCM 镍钴锰三元材料 [Li(NiCoMn)O_2] 电池(NCM 电池)、NCA 镍钴铝三元材料 [Li(NiCoAl)O_2] 电池(NCA 电池)。

3.3.4 第四种分类方法

根据外形特征分类,电动汽车动力蓄电池可分为圆柱形(层叠式)电池、矩形(层叠式)电池等。

圆柱形电池外观与常见的家用电池类似,但通常会标有"Li-ion cell"以表示它们是锂离子电池。在电动汽车领域,特别是在特斯拉电动汽车中,常使用7 000多个18650型圆柱形电池作为动力来源。在"18650"这个型号中,"18"代表电池直径为18 mm,而"65"则表示电池高度为65 mm,"0"则用来表示这是一种圆柱形电池。

在中国制造的电动汽车中,矩形锂离子电池较为普遍,相较于圆柱形电池,它们能提供更高的容量和能量密度。此外,矩形电池在组合为电池组时,其串并联的工艺结构也更为简单。

3.4 蓄电池的常用性能参数

3.4.1 蓄电池的电压

3.4.1.1 蓄电池电动势(E)

蓄电池的电动势与其稳定状态下的开路电压数值相等,这一特性是由电极中活性物质与电解质的电化学性质所决定的。

铅酸蓄电池的电动势与硫酸密度的关系如图3-7所示。当硫酸密度在 $1.050 \sim 1.300 \text{ g/cm}^3$ 内增加时,蓄电池的电动势也会相应地增加,两者之间存在线性关系。

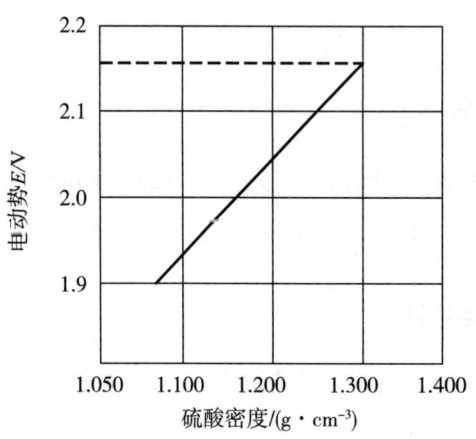

图3-7 蓄电池的电动势与硫酸密度关系

蓄电池的电动势可以从下面公式得出：

$$E = 0.85 + d \tag{3-4}$$

在这个公式里，0.85 是铅酸蓄电池的电动势常数，而 d 代表电解液的比重，其单位是 g/cm^3。

3.4.1.2 开路电压（U_k）

开路电压是指蓄电池在没有电流流动（无电流状态）时的端子之间的电压。

$$U_k = E_z - E_f \tag{3-5}$$

式中，E_z 为蓄电池正极电位；E_f 为蓄电池负极电位。

当蓄电池达到稳态条件时，其开路电压与蓄电池的电动势的数值是相等的，也可由 $U_k = E = 0.85 + d$ 近似得出。

3.4.1.3 工作电压（U）

蓄电池的工作电压是在与负荷连接并进行放电时所表现出的端电压，也被称为负荷电压或放电电压，这个电压值是可变的，与蓄电池的放电电流和内阻都有关系。

$$U = U_k - I(R_0 + R_j) \tag{3-6}$$

式中，I 为蓄电池放电电流；R_0 为蓄电池的欧姆电阻；R_j 为蓄电池的极化电阻。

3.4.1.4 充电电压

充电电压是指在蓄电池充电时，外电源加在蓄电池两端的电压。

3.4.1.5 初始电压

蓄电池的初始电压是指蓄电池在开始放电当下所表现的工作电压，也就是放电一开始时的端电压。

3.4.1.6 浮充电压

当电池充电器对蓄电池执行浮充电操作时,设定的特定电压值被用于这一充电过程。

铅酸蓄电池的每个单体(或格)有一个基础电压 2 V。在充电完成后,这个电压可升至 2.5~2.7 V,但最终会稳定在大约 2.05 V。在放电过程中,电压逐渐下降,当达到 1.7 V 时放电需要停止以防止对电池极板造成损坏。对于容量大于 200 A·h 的铅酸蓄电池,每个电池通常只包含一个 2 V 的单体。而对于容量小于 200 A·h 的铅酸蓄电池,一般会由六个这样的单体串联组成,总电压为 12 V。

铅酸蓄电池在 25 ℃ 时,

$$浮充电压 U = 开路电压 + 极化电压 = U_k + (0.10 \sim 0.18) \qquad (3-7)$$

镉镍蓄电池每个单体(或格)具有 1.2 V 的电压。根据单体串联的数量,整个电池组的电压可以有多个选项,如 24 V、48 V、60 V 和 110 V 等。

铅酸蓄电池端电压与放电时间关系曲线如图 3-8 所示。铅酸蓄电池充电时间与电压及电流关系曲线如图 3-9 所示。

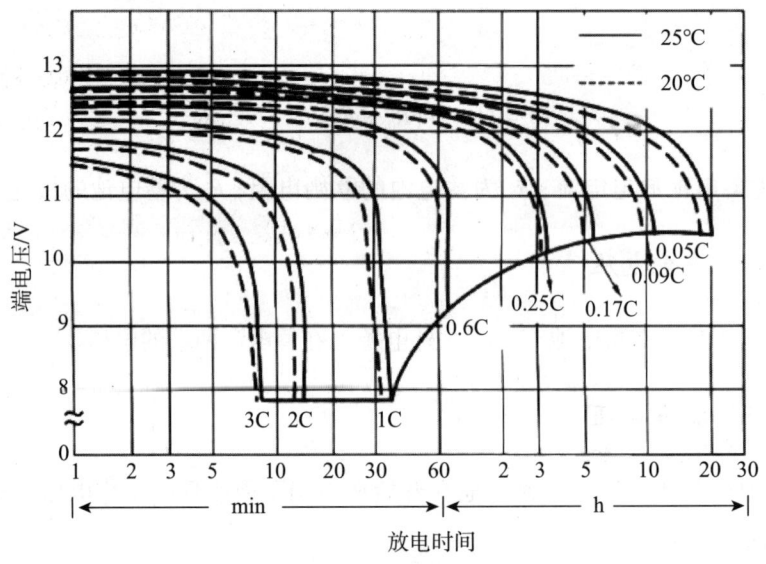

图 3-8 铅酸蓄电池端电压与放电时间关系曲线

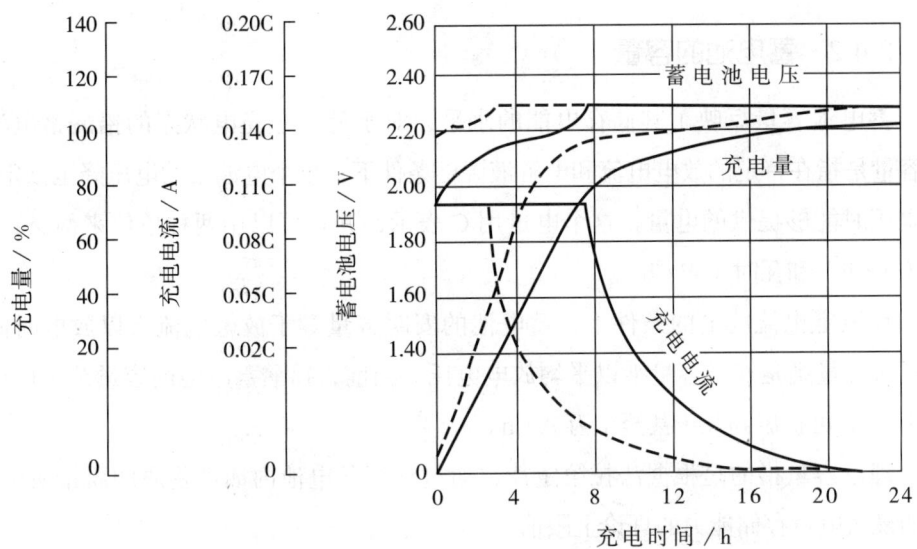

图3-9 铅酸蓄电池充电时间与电压及电流关系曲线

注：①放电：100%（0.05 CA×20 h）；50%（0.05 CA×10 h）。②充电：蓄电池电压13.65 V；充电电流0.1 CA。③温度：25 ℃。

3.4.1.7 蓄电池的放电终止电压

放电终止电压是指蓄电池放电时电压下降到不宜再放电时的最低工作电压。放电终止电压随放电率不同而变化。小于10 h的小电流放电，终止电压取值稍高；大于10 h的大电流放电，终止电压取值稍低。放电率对终止电压的影响如图3-10所示。

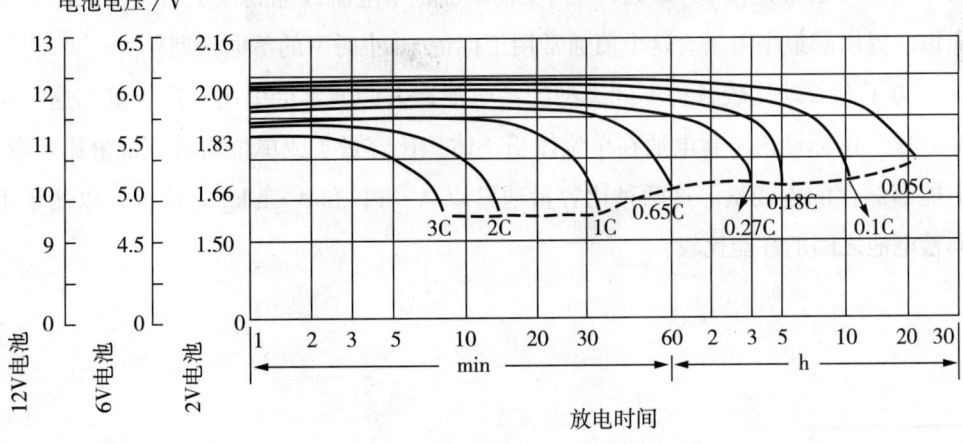

图3-10 放电率对终止电压的影响

3.4.2 蓄电池的容量

蓄电池容量反映了其储存电能的水平，对于处于全充电状态的铅酸蓄电池，其容量是指在特定的放电电流和电解液温度条件下，单个电池格的电压降至预定终止电压时能够提供的电量。这个电量用 C 表示，并且可以用两种单位来衡量：安时（A·h）和瓦时（W·h）。

在恒定电流放电的条件下，蓄电池的安时容量等于放电电流乘以放电时间，而瓦时容量则是安时容量乘以平均放电电压。当前，铅酸蓄电池的容量范围广泛，从 1 A·h 可扩展到几千甚至上万 A·h。

理论容量指的是根据法拉第定律，通过计算蓄电池内活性物质的质量所能达到的最大电量存储能力的理论上限值。

法拉第电解定律：在电解过程中，通过的电量相同，所析出或溶解出的不同物质的量相同[①]。也可以表述为电解 1 mol（含有 6.023×10^{23} 个粒子）的物质，所需用的电量都是 1 个"法拉第"（F），1 F=26.8 A·h=96 500 C。其中，1 C=6.25×10^{18} 个电子带电量（e）；1 e =$1.602\ 189\ 2 \times 10^{-18}$ C。

实际容量是蓄电池在特定放电条件下实际能够提供的电量，这个量是由放电电流和放电持续时间的乘积来决定的，这个实际输出电量可能与理论容量有所不同。

额定容量或标称容量是按照国家或相关部门的标准定义的，表示电池在特定放电条件（通常是在 25 ℃ 的环境中以 10 小时率电流放电到预定的终止电压）下应该能提供的最小电量。这个值通常用于标记 10 小时率的蓄电池型号。

为了有效地比较各种不同类型的蓄电池，人们通常会引用"比容量"这一指标。这个指标量化了蓄电池在单位体积（体积比容量）或单位质量（重量比容量）上能够储存的电能量。这两种比容量通常以 A·h/L 和 A·h/kg 为单位，以便于不同蓄电池之间的性能比较。

---

① 颜鲁薪. 光伏发电技术及应用 [M]. 西安：西北工业大学出版社，2015：78.

3.4.2.1 蓄电池容量与放电率的关系

在相同的蓄电池中,当放电速度(放电率)不同时,其输出的电量也会有所不同。放电率通常有两种表达方式:一种是按照小时率(时间率)表示,另一种是用电流倍数(倍率)来表示。这两种方法都用于描述电池在不同放电条件下的性能。

小时率(时间率):小时率(时间率)是用于描述蓄电池性能的一个参数,它表示电池在一定电流下放电至其规定的终止电压所需的时间。通常,这个时间是以小时为单位的。例如,一个具有10小时率的蓄电池意味着,以特定电流放电,该电池需要10 h才会放电至规定的终止电压。小时率是一个重要的指标,因为它可以帮助用户了解电池在不同应用场景下的表现,也常用于电池产品的分类和标定。

电流率(倍率):电流率(倍率)是另一个用于描述蓄电池性能的重要参数。它表示电池在一定时间内可以安全放电或充电的电流量,通常是与电池的额定容量(标称容量)相比的倍数。假如一个蓄电池的标称容量为1 000 mAh,一个1 C的电流率意味着电池可以在一个小时内被充满或放空,即以1 000 mA的电流进行充电或放电。相应地,2 C意味着以2 000 mA的电流充电或放电,需要半小时完成。这个参数非常重要,因为它决定了电池适用于哪些类型的应用。高电流率通常适用于需要快速充放电的设备,如电动工具或某些类型的电动汽车,而低电流率则更适用于需要长时间稳定放电的应用,如便携式电子设备。

一般情况下,放电电流越大,蓄电池容量越小,放电率对蓄电池容量的影响如表3-1所示。

表3-1 放电率对蓄电池容量的影响

电池型号	额定电压 /V	各小时率容量 / (A·h)				
		10.8 V/20 h	10.8 V/10 h	10.5 V/5 h	10.5 V/3 h	10.02 V/1 h
DJM1240	12	43.4	40	36	32.7	25.6
DJM1250	12	54	50	45	41.1	32
DJM1265	12	70.5	65	58.5	53.3	41.6
DJM1270	12	76	70	63	58.2	45.5

续 表

电池型号	额定电压/V	各小时率容量/(A·h)				
		10.8 V/20 h	10.8 V/10 h	10.5 V/5 h	10.5 V/3 h	10.02 V/1 h
DJM1290	12	98	90	80	73.8	57.6
DJM12100	12	108	100	90	83.1	65
DJM12150	12	162	150	135	123	97.5
DJM12200	12	216	200	180	165	130

3.4.2.2 蓄电池容量与温度的关系

铅酸蓄电池的容量受电解液温度的影响。当温度升高，电解液黏度降低，电阻减少，化学反应和扩散速度加快，从而提高电池容量。然而，高温也会导致蓄电池自放电增加和电解液消耗量上升。

在低温环境中，蓄电池的容量会显著下降。具体来说，当温度降到 5 ℃ 时，一般类型的蓄电池容量可能只有原来的 70%。更严重的是，当温度低至 −15 ℃，容量甚至可能降至不到 60%。电池在 −10 ℃ 以下的环境中的充电反应将变得极为缓慢。这意味着，如果电池在低温下放电后不能及时重新充电，在温度降至 −30 ℃ 以下时会存在很高的被冻坏的风险。因此，低温对蓄电池性能有明显的负面影响。

3.4.3 蓄电池的使用寿命

蓄电池的使用寿命是一个复杂的概念，受到多种因素的影响，包括但不限于电池的制造质量、使用环境、维护情况和充放电的操作方式。通常来说，一个高质量的蓄电池在适当的使用和维护条件下能持续使用多年。

从制造质量来看，使用高质量的材料和先进的制造工艺可以极大地延长电池的使用寿命，例如一些高端蓄电池会使用特殊的电解质和活性材料，以及更精确的电极设计，从而减少内部腐蚀和提高电化学效率。使用环境也是一个重要因素，蓄电池在恶劣的环境条件下，如极高或极低的温度、湿度，或者在有腐蚀性气体存在的环境中，其使用寿命会明显缩短。另外，频繁或不当的充放电操作也会导致电池寿命缩短，例如过度放电（电量低于建议的最低电量）或过度充电（电量高于建议的最大电量）都会加速电池的内部腐蚀和劣化。适当的维护也是延长电池使用寿命的关键，定期进行充放电循环，避免长时间处于极高或极低的电量状态，以及定期检查电池的物理状态，如电解液的水平和电池外壳的完整性，都是必要的维护措施。

即使在最佳的条件下，所有的蓄电池都会随着时间的推移而劣化。这是因为电池的电化学反应是不可逆的，长期使用会导致电池容量逐渐减少，直到最终无法提供足够的电量。值得注意的是，不同类型的蓄电池（如铅酸、锂离子、镍金属氢等）有不同的寿命和维护要求。例如，锂离子电池通常有更长的使用寿命和更少的维护需求，但也更容易受到不当使用的影响，如过度充电或放电。

3.4.4 蓄电池的效率

蓄电池在实际运行中，总会出现一定的能量损失。这种损耗通常通过两个指标来衡量：能量效率和充电效率，这两者用以评价蓄电池性能和能量转换的有效性。

3.4.4.1 能量效率

蓄电池的能量效率是一个用于衡量电池充放电过程中能量转换效率的关键参数。它等于电池在放电过程中实际输出的总能量与充电过程中输入的总能量之比。这个比例通常以百分比的形式表示，能量效率高的蓄电池意味着在充放电过程中的能量损失相对较小，从而更经济、更高效。这一指标对于任何依赖电池作为能源的系统或设备（如电动汽车、可再生能源存储系统等）都是非常重要的，低能量效率会导致更多的能量损耗，从而降低整体系统的性能和可靠性。

$$\eta_\mathrm{W} = \frac{W_{(放)}}{W_{(充)}} \times 100\% \qquad (3-8)$$

3.4.4.2 充电效率

充电效率，也被称为库仑效率，是用来衡量蓄电池充电过程中有效储存电荷的能力的一个指标。具体来说，它是蓄电池在放电过程中释放出的总电荷与充电过程中接受的总电荷的比值，通常以百分比形式表示。这个效率反映了电池在充电和放电过程中有多少电荷能够有效地被储存和释放。高库仑效率意味着蓄电池能够更有效地储存和使用电能，这对于延长电池寿命和提高能量利用效率都是非常重要的。低库仑效率则可能导致电能的浪费和电池性能的下降，从而影响整体系统的运行效率。

3.4.5 蓄电池的自放电

当不使用蓄电池的时候，蓄电池会随着时间的延长出现储电量变小的情况，这种现象被称为自放电。自放电与储存时间的关系曲线如图 3-11 所示。

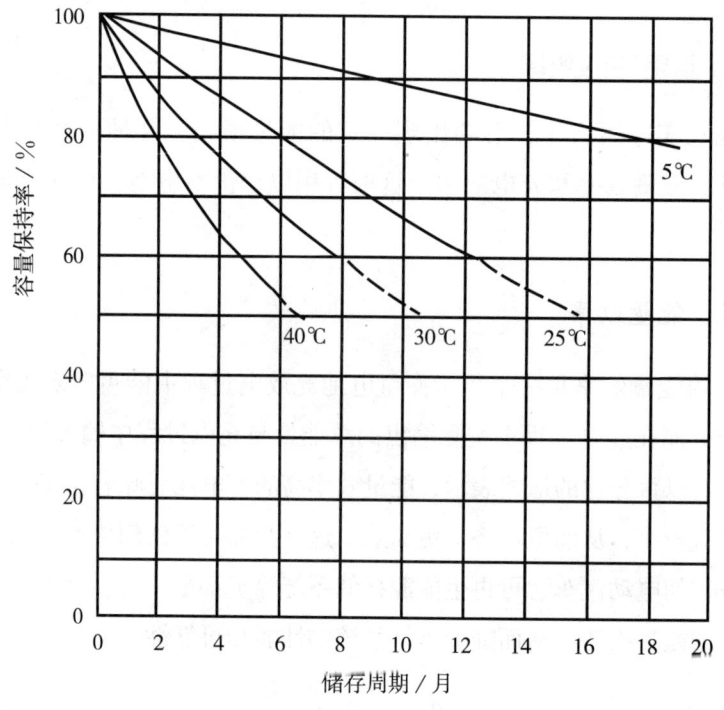

图 3-11 自放电与储存时间关系曲线

自放电的主要原因包括以下几点。

第一，电解液中的杂质，如铜、铁等金属元素，或使用非纯净水作为添加剂，会对蓄电池产生不良影响。这些杂质与电池的极板反应，形成局部的微小电池，从而创建一个自放电的回路，导致电池电量迅速损耗。这种自放电现象极大地影响了蓄电池的性能和使用寿命，实验数据也支持这一观点，如果电解液中含有1%的铁，那么蓄电池在充满电后将在短短24 h内完全放电，这无疑对电池的持久性和可靠性造成了严重影响。

蓄电池的极板成分不纯，特别是含有过多的锑或其他有害杂质，会导致多个微小蓄电池的形成。这些杂质与极板或彼此之间会产生电位差，从而构成局部的蓄电池，这些局部蓄电池通过电解液形成一个电流回路，导致蓄电池发生自放电。这种自放电现象不仅降低了蓄电池的效能，还可能缩短其使用寿命。

第二，如果蓄电池电极间存在大量的污垢，比如泥土和水（这些物质都是导电材料），它们会在蓄电池的正、负电极间形成一个电流回路，从而引起蓄电池自动放电，这种自放电现象不仅降低了电池的有效容量和性能，也可能缩短其使用寿命。

第三，在蓄电池不使用或存放期间，负极板上的海绵状铅会逐渐溶解，以铅离子的形式进入电解液，进而形成硫酸铅。同时，正极板上的二氧化铅也会自动还原，电解液中通常含有一些杂质，这些杂质可以触发氢气的析出。氢气的生成进一步加速了负极板铅的自溶过程，从而增加了蓄电池的自放电速度。这些化学反应和杂质共同作用，导致蓄电池容量的减少和性能的降低，这也意味着需要更频繁的充电维护，以保持其有效性和延长其使用寿命。化学反应过程如下。

$$PbO_2 + Pb + 2H_2SO_4 = 2PbSO_4 + 2H_2O \tag{3-9}$$

$$PbO_2 + 2Ag + 2H_2SO_4 = PbSO_4 + Ag_2SO_4 + 2H_2O \tag{3-10}$$

$$5PbO_2 + 2Sb + 6H_2SO_4 = (SbO_2)_2SO_4 + 5PbSO_4 + 6H_2O \tag{3-11}$$

$$PbO_2 + H_2 + H_2SO_4 = PbSO_4 + 2H_2O \tag{3-12}$$

$$Pb + H_2SO_4 = PbSO_4 + H_2 \tag{3-13}$$

$$Pb + \frac{1}{2}O_2 + H_2SO_4 = H_2O + PbSO_4 \tag{3-14}$$

3.4.6 蓄电池的 DOD 与荷电状态

DOD 是用于衡量蓄电池释放出的有效容量与其总额定容量之间比例的指标，通常以百分比形式表示。当 DOD 为 17%～25% 时，被认为是浅循环放电；为 30%～50% 时为中等循环放电；而为 60%～80% 时则视为深循环放电。

在光伏发电系统中，DOD 一般为 30%～80%。蓄电池 SOC 定义为

$$\mathrm{SOC} = \frac{C_r}{C_t} \times 100\% = 1 - \mathrm{DOD} \qquad (3\text{-}15)$$

式中，C_r、C_t 分别为某时刻蓄电池的剩余电量和总电量。

3.4.7 蓄电池内阻

电池内阻主要有欧姆内阻和极化内阻两部分。

欧姆内阻是蓄电池性能的一个关键指标，主要由多个组成部分决定，包括电极材料、隔膜、电解液以及接线柱。此外，电池的尺寸、内部结构和装配方式也会影响其欧姆内阻的大小。

极化内阻是电池在放电或充电过程中产生的一种特殊类型的内阻，主要由电化学极化和浓差极化因素引起。具体来说，电池的两个电极进行化学反应时，会出现极化现象，从而导致这种内阻的生成。

极化内阻不仅受到电池制造工艺、电极结构和活性物质活性的影响，还与电池在实际使用中的工作电流和环境温度等因素密切相关。换言之，多个内外部变量共同决定了电池极化内阻的大小。

电池内阻对其工作电压、工作电流和输出能量有显著影响。内阻越小，电池的性能通常就越好，因为这有助于电池更有效地传输和储存电能。

电池内阻并不是一个固定的数值，而是在充电和放电的过程中会随时间发生变化。这种变化是因为电池中的活性物质组成、电解液的浓度以及环境温度等因素都在不断地改变。因此，电池内阻是一个动态的参数，受到多种因素的影响。

3.4.8 蓄电池的串联和并联

蓄电池的串联和并联是两种基础的连接方式，各自具有不同的电力特性和应用场景。在串联连接中，蓄电池的正极与另一个蓄电池的负极相连，这样能够增加总体电压而电流保持不变，适用于需要高电压的场合。然而，串联也有其局限性，比如最弱的电池可能会限制整个系统的性能。

并联连接则是将相同极性的电极连接在一起，也就是正极连接正极，负极连接负极。这样操作会增加系统的总电流，而电压则保持不变。并联通常用于需要更高电流或更长使用时间的场合。但同样，如果电池之间性能不均，可能会造成电流不均衡或者其他问题。

在设计蓄电池系统时，需要根据具体的电力需求和应用场景来决定使用哪种连接方式。不同的连接方式不仅影响电池组的电压和电流，还可能影响其长期的可靠性和性能。

3.4.9 蓄电池的充电方法

3.4.9.1 恒压充电法

在充电过程中，如果充电电压保持恒定，那么一开始蓄电池会以较大的电流接受充电。然而，随着充电时间的延长，这个电流会逐渐减小。尽管如此，如果充电电流过大，它会对电池的寿命造成不利影响，也可能导致电池温度升高，这是一个不可忽视的风险。因此，为了维持电池的长期性能和安全，通常需要在充电系统中加入额外的限流电路和温度补偿电路。这些电路有助于控制充电电流在一个合适的范围内，并对电池温度进行实时调整，从而确保电池的安全和效率。

3.4.9.2 恒流充电法

在恒流充电模式下，充电电流是固定的，这种方式避免了恒压充电时由于电流过大而可能出现的问题。然而，这种方法也有其局限性和缺点。首先，电流是恒定的，这可能导致充电电压过高，从而对蓄电池的长期寿命产生不良影响。其次，与恒压充电法相比，恒流充电没有办法使电池保持在浮充状态，这意味着它不能完全充满蓄电池。因此，虽然恒流充电有其优点，但也需要注意可能带来的电池性能和寿命方面的影响。

3.4.9.3 二阶段充电法

二阶段充电法首先采用恒定电流对蓄电池进行充电，直到电压达到汽化电压，然后切换到恒定电压模式，以维持电池在浮充状态。这种充电方式在延长蓄电池寿命和缩短充电时间方面表现出较好的效果。然而，这种方法也有一些局限性。在恒压充电阶段，充电电流相对较小，因此充电时间会相对较长，这意味着虽然这种方法在某些方面有所优势，但在充电时间上可能不如其他方法高效。因此，选择这种充电方法需要综合考虑其优点和局限性。

3.4.9.4 三阶段充电法

三阶段充电法包括第一阶段的恒流充电，第二阶段的充电吸收，以及第三阶段的恒压充电。在充电吸收阶段，电压保持在汽化电压以下，而电流逐渐减小。这一设计有助于大幅减少第三阶段恒压充电所需的时间，提高充电效率。

3.5 锂离子电池储能技术

锂离子电池是一种可充电电池，其中锂离子在电池的正极和负极之间进行嵌入和脱嵌的动作。正极通常由金属氧化物或硫化物构成，而负极主要由嵌锂碳材料制成。锂元素是非常轻的，相对原子质量为 6.9，密度为 $0.53 \text{ g} \cdot \text{cm}^{-3}$，其标准电极电位为 -3.4 V。这种电池具有多项优势，如高电池容量、良好的荷电保持能力、广泛的工作温度范围、高操作电压、小体积、高比能量密度以及环境友好性。

3.5.1 锂离子电池的基本结构

锂离子电池的核心构成包括正极、负极、正极集流体、负极集流体、隔膜和外壳等多个部件。这些组件通过特定的排列方式进行组合：正极集流体、正极、隔膜、负极、负极集流体。按照这一顺序交替叠加，这些组件共同形成了锂离子电池的内部结构。

在锂离子电池工作过程中锂离子（Li⁺）在电池的正负极之间不断移动。正极一般由插锂化合物制成，这些插锂化合物可能是 $LiCoO_2$、$LiNiO_2$ 或 $LiMn_2O_4$ 等。而负极通常使用锂与碳的层间化合物，如 Li_xCo_6。电解质则是由有机溶液构成，其中含有溶解的锂盐。溶剂包括碳酸乙烯酯（ethylene carbonate）、碳酸丙烯酯（propylene carbonate）、碳酸二甲酯（dimethyl carbonate）以及氯碳酸酯等。这些组件共同工作，使得锂离子能在电池充电和放电的过程中，从一个极端移动到另一个极端，从而储存和释放电能。这一系列复杂的化学反应和物质移动构成了锂离子电池高效、高能量密度的基础。

3.5.2 锂离子电池的基本工作原理

在充放电过程中，锂离子在正负极之间进行往返脱嵌，它的放电过程如图 3-12 所示。

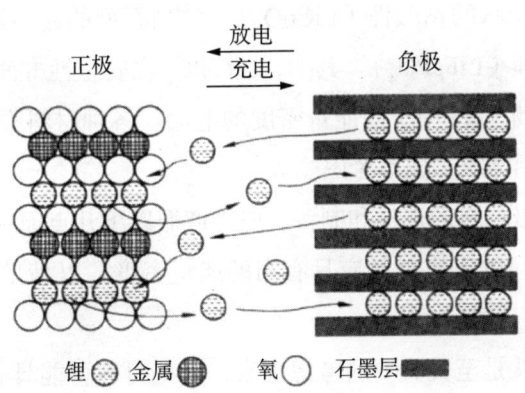

图 3-12 锂离子电池充放电过程示意图

锂离子电池的电化学表达式：

$$(-)C_n|LiPF_6 = EC + DMC|LiM_xO_y(+) \tag{3-16}$$

其电池反应为：

$$LiM_xO_y + nC \underset{\text{放电}}{\overset{\text{充电}}{\rightleftharpoons}} Li_{1-x}M_xO_y + Li_xC_n \tag{3-17}$$

锂离子电池工作过程是一种依赖锂离子浓度差异的过程。在充电阶段，锂离子从正极释放出来，穿越电解质，最后嵌入负极的层间结构中。这一过程是由外部电路提供的电子补偿电荷驱动的,以确保电荷平衡。反之,在放电阶段,锂离子从负极的层间结构中释放,通过电解液移动,最终嵌入正极的材料中。这些动态变化主要涉及层状结构中的间距调整,而不会破坏整个晶体结构,使得负极的化学结构在充放电过程中基本保持不变。这一系列反应都是可逆的,意味着锂离子电池在充电和放电过程中的性能是高度可复原的。因此,从充放电反应的可逆性角度来看,锂离子电池是一种理想的能量存储设备,其工作过程几乎是完美的可逆化学反应。这也是锂离子电池在电能存储方面表现出色的一个重要原因。

3.5.3 锂离子电池正极材料

锂离子电池正负极是锂离子电池的重要组成部分。锂离子电池的正负极材料不仅影响电池的性能,还是决定其成本的关键因素。尽管经过数十年的发展,这类电池已经实现商业化,但正极材料的研究和发展进程相对缓慢。目前,主要采用的正极材料包括层状的钴酸锂($LiCoO_2$)、尖晶石型的锰酸锂($LiMn_2O_4$)以及橄榄石型的磷酸铁锂($LiFePO_4$)。其中,$LiFePO_4$在安全性方面优于其他两种,而$LiCoO_2$则因其高能量特性用于高能量密度的电池。各种材料都有其优缺点,选择哪种材料取决于应用需求和成本考虑。

锂离子电池正极材料的选择和制备一般需遵循以下几点原则。

能量密度。选择的正极材料应具有高的能量密度,以满足应用场合对电池容量和续航的要求。

安全性。安全性是至关重要的考虑因素。某些材料可能具有更高的能量密度,但如果它们在过充或高温下不稳定,那么应避免使用。

循环稳定性。材料应具有良好的循环稳定性,以确保电池在多次充放电过程中能持久、稳定地工作。

成本效益。选用的材料不仅要满足性能需求,还要考虑其经济性,特别是对于大规模应用如电动汽车或电网储能而言。

电导率和离子传导性。选择的材料应具有足够的电导率和离子传导性,以支持高效的充放电过程。

化学稳定性。材料应对电解液和其他电池组件化学稳定,以减少副反应和提高电池的长期稳定性。

可制造性和可规模化。选用的材料应容易加工和规模化生产，以便应用于不同规模和用途的电池。

充放电速率。根据应用需求，正极材料应能支持不同的充放电速率，而不影响其性能和寿命。

目前的锂离子电池正极材料主要集中在几个类型，包括层状三元材料、富锂锰基材料、正硅酸盐材料，以及含有多种过渡金属元素的复合氧化物。这些材料各有优缺点，但总体趋势是朝着提高能量密度、增强安全性和环境友好性方向发展的。未来的研究和应用将进一步专注于这三个关键方面，以满足日益增长的电池性能和环境可持续性需求。

3.5.4 锂离子电池负极材料

锂离子电池负极材料对电池的性能和安全有直接影响，它是电池储存锂离子的载体。在充放电过程中，锂离子会在负极材料结构中嵌入和脱嵌。虽然最初负极使用的是金属锂和锂合金，但这些材料会与电解液反应，形成表面的锂膜，也就是"锂枝晶"，这可能导致电池内部短路和爆炸。

锂离子电池负极材料经多次优化，主要分为碳基负极材料和非碳基负极材料两大类。碳基负极材料包括石墨化碳、无定形碳、改性碳、富勒烯和碳纳米管等。特别是石墨化碳有多种类型，如天然石墨、改良石墨和石墨化中间相碳微球等。使用碳基负极材料时，其电位与锂的标准电极电位接近，循环性好，但比容量和首次充放电效率较低。非碳基负极材料则主要包括氮化物、硅类、锡基、钛氧化物、新型合金和纳米氧化物等。新型负极材料还有薄膜负极、纳米负极和新型核壳结构负极等。

锂离子电池负极材料在选择和制备时需要遵循以下几个原则。

高容量。负极材料需要具有高的储锂容量，以实现更高的电池能量密度。

电化学稳定性。负极材料需要具有优良的电化学稳定性，以保证长期的循环使用不会导致性能衰减。

安全性。负极材料应具有良好的热稳定性和化学稳定性，以减小电池内部短路和热失控的风险。

可逆性。材料结构在充放电过程中应能保持稳定，以确保锂离子的高效嵌入和脱嵌。

成本效益。材料应具有合理的生产成本，以便大规模商业应用。

环境友好。选择的负极材料应为环境友好、可回收或可持续的材料，以符合绿色和可持续发展的要求。

与电解液的相容性。负极材料应与电解液有良好的相容性，避免不必要的副反应。

充放电效率。负极材料需要具有高的首次及后续充放电效率，以减少能量损失。

快速充放电能力。负极材料应支持快速充放电，以适应不同应用场景的需要。

3.5.5 锂离子电池电解质

电解质在锂离子电池中扮演着至关重要的角色，是电池充放电电化学反应中不可或缺的组成部分。它主要负责在电池的正负极之间传输锂离子。电解质的化学成分、成分比例、微观结构以及制造工艺等方面都会直接影响其特性，并进一步影响整个锂离子电池的性能和安全性。具体而言，电解质的质量将对电池的多个关键属性产生影响，包括电池的容量、能量密度、功率密度、循环寿命，以及在不同温度条件下的工作性能。因此，电解质的选择和优化是锂离子电池设计和制造中的一个关键环节，其性能直接决定了电池的综合性能和应用范围。

电解质在锂离子电池中是关键组件，根据其物理形态，主要可以分为液态电解质、室温熔融电解质和固态电解质三大类。液态电解质通常由有机溶剂和电解质锂盐组成，而非水基，因为水的分解电压非常低，不适合用于高电压的锂离子电池系统。室温熔融电解质是一种在常温下呈液态的离子化合物，包括铵盐和氟类熔盐等。与液态电解质相比，固态电解质具有更高的安全性，因为它避免了液态电解质中易泄漏、易燃和易挥发的问题。固态电解质又可分为无机固态电解质和聚合物电解质。

这些不同类型的电解质有各自的优缺点和应用场景。液态电解质广泛应用于现有的锂离子电池中，但其安全性相对较低。室温熔融电解质和固态电解质则是未来锂离子电池发展的可能方向，特别是在需要更高安全性和稳定性的应用中。综合来看，电解质的选择是锂离子电池设计的一个复杂而关键的部分，需要根据具体应用需求和工作条件综合考虑。

液态有机溶剂电解质是锂离子电池中最常用的一种电解质形式。这类电解质主要由有机溶剂和锂盐组成。常用的有机溶剂包括乙酸乙酯、碳酸二甲酯、甲基丙烯酸甲酯等。而常见的锂盐包括六氟磷酸锂（$LiPF_6$）、四氟硼酸锂（$LiBF_4$）和硫酸锂（Li_2SO_4）等。

这种液态有机溶剂电解质的主要优点是其离子传输能力强，使得电池具有较高的电导率，从而能够支持更高的充放电速率。此外，因为它是液态的，所以能够在电池内部进行更好的分布，有利于整体电池性能的提高。然而，液态有机溶剂电解质也有其缺点。首先，有机溶剂通常是易燃且具有挥发性的，这增加了电池泄漏或短路时发生火灾和爆炸的风险。其次，这些有机溶剂可能会与电池的其他组件（如正、负极材料）发生化学反应，尤其在高温或过充、过放的情况下，这种反应会影响电池的长期稳定性和安全性。因此，在设计和使用液态有机溶剂电解质的锂离子电池时，需要综合考虑多种因素，包括但不限于电解质的电化学稳定性、与电池其他组件的相容性以及整体的安全性等。

电解质锂盐是锂离子电池电解质重要的组分。电解质锂盐主要有两大类：无机电解质锂盐和有机电解质锂盐。一般无机锂盐（如卤化锂）在非水有机溶剂中的溶解度很低，一般不能用作无机电解质锂盐。无机电解质锂盐的阴离子一般由路易斯酸包裹形成稳定简单的阴离子基团。这样形成的锂盐在非水有机溶剂中的溶解度有大幅提高。无机电解质锂盐主要有六氟磷酸锂（$LiPF_6$）、四氟硼酸锂（$LiBF_4$）、高氯酸锂（$LiClO_4$）和六氟砷酸锂（$LiAsF_6$）等。表3-2为几种无机电解质锂盐的性能比较。

表3-2 几种常见电解质锂盐性能比较

名 称	电化学稳定性	离子电导率	抗氧化性	平均离子迁移率	解离常数
六氟磷酸锂（$LiPF_6$）	较好	较高	较好	高	较高
四氟硼酸锂（$LiBF_4$）	差	低	好	最高	低
高氯酸锂（$LiClO_4$）	最好	高	差	较高	高
六氟砷酸锂（$LiAsF_6$）	好	最高	最好	低	最高

有机电解质锂盐与无机电解质锂盐有显著差异，主要表现为其在低介电常数溶剂中仍能维持高的解离常数。介电常数是一种衡量物质在电场作用下产生感应电场能力的参数，它是原电场与感应电场之间比值和物质在真空中的介电常数的乘积。此外，有机电解质锂盐通常含有能够促进其在非水溶剂中溶解的正电电子基团。

有机电解质锂盐有多种类型，包括全氟代烷基磺酸锂、双（三氟甲基磺酰）亚胺锂及其衍生物、三（三氟甲烷磺酰基）甲基锂等。还有一些是以芳香族或非芳香族化合物作为配体的硼酸锂，以及氟烷基磷酸锂等。这些有机锂盐具有特定的化学结构和电性质，因此能在低介电常数的非水溶剂中更好地溶解和传输锂离子。这一特性使得有机电解质锂盐在锂离子电池电解质的设计和应用中具有特殊的优势。

离子化合物通常由于其内部的离子键和阳、阴离子之间的库仑力作用，在常温下呈固态形态，并且具有高的熔点和沸点。然而，当离子化合物的微观结构被修改为不对称的形式时，离子间的作用力会减弱，从而导致熔点和沸点下降。这种结构调整可以使离子化合物在室温下转变为液态。这类在室温下为液态的离子化合物被称为室温熔融盐。室温熔融盐由阳离子和阴离子组成，没有其他类型的原子或分子。这些特性使室温熔融盐在某些特定应用中，如作为电解质，具有潜在的优势。室温熔融盐电解质作为电池电解质主要有以下几个优点。

第一，室温熔融盐具有优良的热稳定性和广泛的工作温度范围。大多数这类盐可以在一个宽阔的温度区间内维持液态状态，并具有高达 200 ℃ 的分解温度。

第二，室温熔融盐具有出色的溶解性能，可作为一种高效的溶剂。它能够溶解各种有机、无机和高分子化合物，表现出极高的溶解能力和应用灵活性。

第三，室温熔融盐具有优越的安全特性，包括没有腐蚀性和低燃烧风险。这些特点使其在各种应用场景中成为一个相对更安全和可靠的选项。

室温熔融盐电解质也存在不足，如易吸收水分，不利于电池的制作等。室温熔融盐电解质主要有由酰胺与碱金属硝酸盐或硝酸铵组成的室温熔融盐类、有机三氯化铝的室温熔融盐类和一些新型熔融盐电解质等。其中，酰胺与碱金属硝酸盐或硝酸铵组成的室温熔融盐主要有尿素 - 硝酸铵和乙酰胺 - 尿素 - 硝酸铵等。有机三氯化铝的室温熔融盐有 1，2- 二甲基 -3- 丙基咪唑 - 四氯化铝和 1- 甲基 -3- 乙基咪唑等。

为了适应锂离子电池技术的不断进步和消除液态电解质可能导致的泄漏、挥发和燃烧等安全隐患，研究人员已经开发了多种固态电解质材料。与液态电解质相比，固态电解质具有更高的安全性，有效防止了电解质泄漏的问题。虽然通常固体材料的离子导电率相对较低，几乎不能用于传导离子，但固态电解质是一类具有相对高离子电导率的特殊材料。然而，大多数固态电解质仍面临着锂离子电导率不高的问题。这些固态电解质主要分为无机固态电解质和聚合物电解质两大类，其中无机固态电解质主要包括钠快离子导体（Na super-ionic conductor, NASICON）型结构氧化物、石榴型结构氧化物以及硫化物体系等。相比液态电解质，无机固态电解质主要有以下几个优点。

第一，作为固态物质而非液体形态，固态电解质能显著降低泄漏、挥发或燃烧等安全隐患的发生概率。

第二，加工便捷性高，该材料可以轻松地进行成型和加工，以适应各种应用需求。这大大简化了生产流程，并提高了效率。

第三，具有宽广的工作温度范围，能够在极低的 $-70\ ℃$ 到极高的 $500\ ℃$ 之间稳定地运行。这增加了其应用的灵活性。

第四，电化学稳定性出色，这一特性不仅降低了电池性能衰减的风险，还显著延长了电池的使用寿命。电池具有高度的电化学稳定性，在长时间的充放电过程中维持着高效率和安全性，减少了需要频繁更换或维修的可能，从而在整体上降低了维护成本和环境影响。

无机固态电解质材料大多具有多晶结构，其中晶粒和晶界的电导性质对总体的离子电导率有重要影响。尤其在 NASICON 型结构电解质中，晶界对离子电导率的限制是一个核心问题。为了提高这些材料的电导率，研究人员通常会在制造过程中加入特定的添加剂或应用特殊的工艺方法。NASICON 型结构电解质因其高的离子电导率、优良的化学稳定性以及广泛的电化学窗口，被认为是高压全固态锂离子电池的理想选择。目前，提升这类电解质中晶粒和晶界的电导率是研究的主要方向。石榴型结构氧化物具有多种化学成分。这类材料的应用同样受到了晶界电导率的限制。硫化物体系，主要包括 Li_2S-SiS_2 和 $Li_2S-P_2S_5$ 体系，是另一类重要的固态电解质。由于固态电解质的离子电导率通常低于液态电解质，因此研究者通常会将其制成薄膜贴附在电极上以提高电导性。这些措施都是为了优化固态电解质的性能，以使其更适用于高性能和高安全性的电池应用，同时减少频繁更换或维修的可能，从而在整体上降低了维护成本和环境影响。

聚合物电解质是一类特殊的高分子材料，它们由聚合物和金属盐通过络合反应生成，具有很高的离子电导率。这类电解质因聚合物基体的不同而有多种类型，包括聚氧化乙烯（polyethylene oxide, PEO）、聚偏氟乙烯（polyvinylidene fluoride, PVDF）、聚甲基丙烯酸甲酯（polymethyl methacrylate, PMMA）等。与无机固态电解质相比，聚合物电解质有几个显著的优点，包括轻质、良好的弹性和高稳定性。和无机固态电解质一样，聚合物电解质在锂离子电池中不仅负责传导离子，还承担电池隔膜的角色。这使得聚合物电解质成为锂离子电池，特别是那些满足轻质、高弹性和高稳定性需求的电池系统的不错的选择。因此，聚合物电解质在现代电池科技中具有广泛的应用潜力。聚合物电解质主要具有以下几个优点。

第一，能够有效地解决锂离子电池中锂枝晶形成问题。

第二，能够很好地适应锂离子电池在充电和放电过程中产生的体积和形状变化，从而保证电池性能稳定和延长使用寿命。

第三，具有高度安全性能，能有效防止意外或故障，从而确保用户和设备的安全。

单元 4 燃料电池系统和氢系统

4.1 燃料电池的结构与工作原理

燃料电池是一种特殊的电化学设备,它能直接把化学能通过电化学反应转换成电能。这种电池主要由阳极、阴极和电解质组成,在其工作机制中,阳极(正极)提供燃料,通常是氢气,而阴极(负极)提供氧气或空气。通过在不同电解质的作用下,这些组件能在电极上持续产生电流。与传统的火力发电方式相比,燃料电池能更直接、更高效地获得电能。其与一般的电化学电池(如锂离子电池)的重要区别是燃料电池的燃料和氧化剂是从外部供应的。这意味着,在理论上只要持续提供燃料和氧化剂,电池就能持续工作生成电流,而不需要经过充电和放电的周期。这一点不仅简化了能量供应的问题,还大大提高了电池的高效性和可靠性。因此,燃料电池具有多个显著优点,包括高效率、环境友好、安全性和可持续性。它不仅免去了传统电池需要充电的步骤,还因其直接通过化学反应产生电能的特点,在能效和环境保护方面具有明显优势。

当然,燃料电池与蓄电池的相同之处就是其正极与负极之间也存在着不同类型的电解质,且根据不同类型燃料采用了不同的电解质,如酸性、碱性、熔融盐类、固体电解质和质子交换膜等。燃料电池中的燃料与氧化剂,在能量转换过程中,通过电化学反应生成电能和水,因此不会产生对大气环境造成污染的氧化物和碳氢化合物等。燃料电池的运行可简单地表示为 [燃料 → 阳极 ‖ 电解质 ‖ 阴极 → 氧化剂]→ 电能。可以想象,只要不间断地向电池输入燃料与氧化剂,燃料电池就可以连续地输出电能。

4.1.1 燃料电池与普通蓄电池的区别

燃料电池和普通蓄电池在本质上有着显著的不同。燃料电池是一种能量转换装置，它在工作过程中需要不断地输入燃料以产生电能。换句话说，它是一个实时的能量转换系统，能直接将输入的化学能量转换成电能。相对地，普通蓄电池是一种能量储存装置。在这种电池中，电能首先需要被储存起来，然后在使用时才能输出。它并不需要在工作时输入额外的能量，也不会产生新的电能。简而言之，燃料电池是一个持续转换能量的系统，而普通蓄电池则是一个先储存后输出的能量系统。

只要燃料电池的技术性能能够被确定，它所产生的电能就只与燃料的供应有关，假如能够不停地给电池供给燃料，它就能源源不断地产生电能，它放电的过程是连续进行的，并且是不可逆的。如果燃料电池被用于电动交通工具，例如电动汽车，那么任何在制动过程中产生的多余电能将需要额外的回收装置来捕获。相比之下，普通蓄电池一旦其技术性能被确定，它只能在这个额定范围内输出电能。更重要的是，这些电池需要经过充电过程才能再次使用，因为它们的化学反应是可逆的。这也意味着与燃料电池不同，普通蓄电池的放电过程可以是间断的，不需要持续的能量输入。这两种电池类型在持续性、可逆性和能量管理方面有着明显不同。

燃料电池虽然本身的质量和体积不大，但要实现其功能，需要附加一套相对庞大和重的燃料储存或转换设备以及其他附属设备，以提供所需的氢气。这些额外组件的体积和质量通常远超过燃料电池本体。在燃料电池工作的过程中，随着电能的生成，储存的燃料会逐渐被消耗，导致整体质量减轻，尤其是在车载应用中，因为燃料供应是有限的。相较之下，普通蓄电池内的活性物质在充电和放电过程中会经历可逆化学反应，但这些活性物质并不会被消耗掉，通常只需要添加一些电解液或蒸馏水来维持其性能。因此，普通蓄电池和燃料电池在燃料或活性物质管理、附加设备需求以及工作原理上有着显著的差异。

燃料电池和普通蓄电池有一个共同点：它们都是通过电化学反应将化学能转化为电能。然而，两者在能量转换过程中的可逆性上有本质的不同。在燃料电池中，反应物质（如氢气）在电化学反应过程中会被不断消耗并需要源源不断地补充，因此其反应被视为不可逆的。相对地，在普通蓄电池中，活性物质在充电和放电过程中只是经历可逆的化学反应，这些物质并不会被消耗掉，为了维持其性能，通常只需要添加一些电解液或蒸馏水。因此，普通蓄电池的能量转换过程是可逆的，与燃料电池形成了鲜明对比。

4.1.2 燃料电池的基本工作原理

燃料电池基于电解水过程的热动力原理，作为一种能量转换装置，它可以将化学能直接转化为电能。该过程实质上是电解水反应的逆过程，通过这种方式，燃料电池实现了高效能量转换。

$$2H_2O + 电流 \rightarrow 2H_2 + O_2 \tag{4-1}$$

当氢气（H_2）和氧气（O_2）分别输入燃料电池的阳极和阴极时，通过外部连接的导体，可以测量出电流产生，从而实现化学能到电能的转换。这个过程可在正负极间产生可用的电能。

$$2H_2 + O_2 \rightarrow 2H_2O + 电流 \tag{4-2}$$

$$负极反应：H_2 \rightarrow 2H^+ + 2e^- \tag{4-3}$$

$$正极反应：O_2 + 4H^+ + 4e^- \rightarrow 2H_2O \tag{4-4}$$

燃料电池的工作原理是通过与水电解过程相似的可逆热动力反应，实现能量的转换，如图4-1所示。但燃料电池的燃料不仅限于H_2，也可以利用其他燃料。其他燃料经过处理后再进行如下化学反应：

$$H_2 + 氧化剂 \rightarrow 2H_2O + 电流 + 其他产物 \tag{4-5}$$

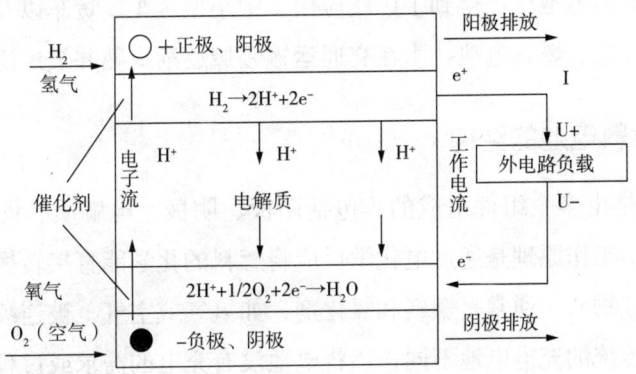

图4-1 燃料电池的工作原理

在燃料电池中，正极是直流电源的正电性部分，负责向外部电路输送电流。与此相关，正极、阳极、氢气以及燃料都标有"+"号，代表燃料电池的正极。在电路工作时，电流从正极出发，流经外部负载进行工作，然后继续流向负极。这就确定了在外部电路中电池电流的整体流向。这里的正极不仅是电流的输出端，也是燃料电池系统中燃料化学反应的一个关键组成部分。

在燃料电池体系中，负极是直流电源的负电性部分，其主要职责是接收来自外部电路的电流。要注意的是，负极通常也被称为阴极，并且与氧气或空气有关，这些都标有"−"号，作为燃料电池负极的标志。在电路运行过程中，电流在通过外部负载完成工作后，会流入负极。这确定了外部电路中电流的流向，从负载返回电池的负极。负极不仅是电流的接收端，也是电化学反应发生的关键场所，通常是氧气或空气参与反应的地方。负极在整个燃料电池工作机制中占有重要的地位。

燃料电池与其他电源在电流构成回路方面是相似的，都需要一个闭合的电路来工作。唯一的不同点在于交流电（alternating current, AC）与直流电（direct current, DC）的差异，其中交流电的方向是周期性变化的，而燃料电池产生的通常是直流电。这意味着在交流电中，电流方向会定期反转，而在燃料电池产生的直流电中，电流方向是固定的。

燃料电池为了获得氢气通常需要一个前处理装置，也称为"重整器"。目前，这些重整器尺寸庞大、重量重、启动时间长、瞬态反应不够迅速，且成本高、寿命有限。尽管如此，使用重整器的优点在于它不会对大气环境造成污染。同时，随着技术的发展，重整器也正在朝着更小、更轻的方向发展。在交通领域，尤其是大型电动客车上，燃料电池已经得到了广泛应用，中小型客车、货车以及轿车上也开始得到应用。这标志着燃料电池技术在交通运输领域逐渐成熟并被广泛接受。

4.1.3 燃料电池的结构

燃料电池是由多个组件组成的，包括阳极、阴极、电解质、催化剂、隔板以及外壳，其基本工作原理是通过电化学反应将燃料的化学能直接转换为电能。在这一过程中，反应物质（通常是燃料和氧化剂，如氧气或空气）被连续消耗以生成电流。因此，与传统的充电电池不同，燃料电池没有充电的需求或过程。它是一个持续放电的装置，只要有燃料和氧化剂的供应，就能不断地生成电能，这种设计避免了充电带来的不便和时间消耗。

燃料电池系统不仅仅包括燃料电池本身，还包括一系列辅助设备和组件以确保有效和持续的能量转换，这些辅助设备包括但不限于氢和氧的输送泵，以及用于将碳氢化合物转化为氢气的重整器。除此之外，系统还需要用于分离和净化氢气与其他气体的装置，燃料供应和氧气供应也都有专门的管道系统和调节装置，如果系统不使用空气作为氧化剂，还需要专门的氧化剂储存或发生设备。此外，考虑到反应过程中产生的副产品和水，燃料电池系统需要有排放和回收这些物质的装置。另一个关键组成部分是热管理系统，用于控制和分散反应过程中产生的热量。综合来看，燃料电池系统是一个复杂的集成体，不仅包括电池本身，还有一系列用于燃料处理、气体管理、热量控制和副产品回收的辅助设备，所有这些组件都是为了确保燃料电池能够高效、安全且持续地运行。

燃料电池系统由多个独立但互相协作的部件组成，其中电池的尺寸直接影响其输出功率。要延长燃料电池的工作时间，关键是持续补充燃料和其他反应物质。另外，燃料电池中的催化剂是有使用寿命的，一旦催化剂失效，必须进行更换以重新激活电化学反应，确保燃料电池系统能继续高效运行。这些因素都是确保燃料电池长期稳定性和可靠性的关键。

4.1.4 燃料电池系统

燃料电池系统主要由燃料电池、燃料供应系统、氧化剂系统、发电系统、水管理系统、热管理系统、电力系统及控制系统等组成，如图4-2所示。

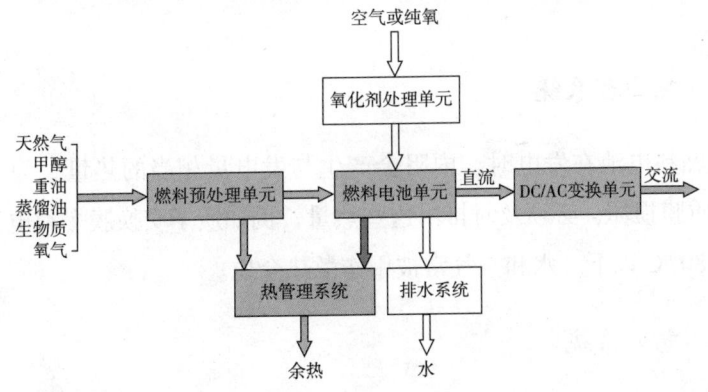

图4-2 燃料电池系统

4.1.4.1 燃料供应系统

燃料供应系统的主要职责是为燃料电池供应燃料。

4.1.4.2 氧化剂系统

氧化剂系统负责为燃料电池提供氧气,氧气可以从空气或氧气罐中获得。当选择空气作为氧气来源时,需要使用压缩机来提升其压力,以提高燃料电池的反应效率。配备压缩机会增加燃料电池系统的重量、体积和成本,而且压缩机的功率消耗还可能减少燃料电池的整体效率。需要对空气供应系统的元件如阀门、压力表和流量表的接口采取一定的防泄措施,系统中的空气必须经过加湿,以确保其湿度适中,以满足燃料电池的工作条件。

4.1.4.3 发电系统

发电系统即燃料电池,能够直接将燃料和氧化剂的化学能转化为电能,无须燃烧,它是一种电化学设备。

4.1.4.4 水管理系统

在质子交换膜燃料电池中,质子以水合离子形式传导,因此电池内需要水分。水的缺少会影响膜的质子传导,进而影响电池效能。电池的阴极会产生水,必须持续排出,否则电极会被"淹没",导致电池失效。因此,燃料电池的水分管理极为关键。

4.1.4.5 热管理系统

大功率燃料电池在发电时,内阻会产生与发电量相当的热量,为了防止电池过热和电解质膜损坏,必须及时排出这些热量,例如质子交换膜燃料电池的工作温度应维持在 80 ℃ 以下。水和空气常被用作散热介质。

4.1.4.6 电力系统

电力系统可将燃料电池发出的直流电变为适合用户使用的电。燃料电池所产生的是直流电，需要经过 DC/DC 变换器进行调压，在采用交流电机的驱动系统中，还需要用逆变器将直流电变换为三相交流电。

4.1.5 燃料电池的关键装备和辅助装置

上面已经介绍到，虽然燃料电池本体的体积和质量相对较小，但需要一系列辅助装置来支持其运行，这使得整个燃料电池系统变得相对复杂和庞大。这些附加设备增加了系统的体积和重量。

4.1.5.1 燃料电池系统的关键装备

燃料电池系统的核心组件由燃料电池组构成，其中包括交换膜和金属催化剂。不同类型的燃料电池使用不同的交换膜，这些交换膜各有不同的性能特点，并在提升系统效率方面起到关键作用。目前，催化剂通常由铂（Pt）或铂 - 钌（Pt-Ru）电极构成，它们促进氢气和氧气在燃料电池内进行电化学反应以产生电流。然而，存在的问题是铂催化剂可能会因氢气中混有的 CO 而"中毒"失效，此外电动汽车在行驶中的振动也可能导致催化剂从电极上脱落。如何提高催化剂的效率和其与电极的附着力以及降低成本和减少铂的使用，开发新的催化剂材料成为一个重要的研究方向。

在关键技术方面，现代燃料电动汽车已经取得了重大突破。初期，燃料电池主要在大型客车上应用。随着燃料电池不断小型化和轻量化，像"氢动一号"这样的燃料电池轿车也成功应用了燃料电池。

4.1.5.2 氢的储存装置与产生氢的重整器

气态氢通常存储在高压储气瓶中，这些瓶子的质量标准非常高，为了确保燃料电池电动汽车有足够的一次性行驶距离，通常需要使用多个这样的高压储气瓶。比如，在大型客车上，通常需要 5～10 个高压储气瓶，液态氢具有更高的能量密度，但它的存储不仅需要高压瓶，还需要复杂的低温保温系统来维持其低温状态。由于存储的氢气是在高压条件下，因此燃料电池系统中所有的组件都需要有更高的承压和密封性能以防止氢气与空气发生早期反应。这些严格的要求使得燃料电池的外围装置既体积庞大也相当重，占燃料电池本身体积和质量的 1/3～1/2。

当使用甲醇或汽油作为氢气的来源时，需要重整器来将这些燃料转化为氢气。这种重整器通常体积庞大、质量重，而且还需要额外的存储设备，如用油箱来装载甲醇或汽油。

4.1.5.3 燃料电池的辅助装置

燃料电池系统不仅包括燃料电池本身，还包括了一系列关键的辅助装置以确保其有效和安全运行。氢气和氧气（或空气）输入泵负责将这些气体输送到电池的阳极和阴极；分离装置用于从混合气体中提取纯氢，而净化处理装置进一步提高氢气的纯度；热管理系统负责调节燃料电池的温度，以维持最佳工作条件；用于存储氢气和氧气的高压储气瓶和低温保温装置也是不可或缺的；反应产物和水的排除装置以及其他调节和控制装置都是整个系统的重要组成部分。这些辅助装置共同工作，以最大化燃料电池的性能、效率和寿命。

4.2 辅助系统

4.2.1 辅助系统简述

在新能源汽车领域，辅助系统（balance of plant, BOP）是一个专为电池管理和运行而设计的集成系统。虽然这里的 BOP 与石油和天然气钻井中使用的防喷器（blowout preventer, BOP）没有直接关系，但它们都是为了确保设备和操作的安全性而设计的系统。

在电动汽车和其他新能源汽车中，辅助系统起着至关重要的作用。它负责监控电池的各种参数，包括电池温度、电压、电流和充电状态。通过实时监控这些参数，辅助系统能够确保电池在最优条件下运行，从而延长电池寿命，提高能量效率，最重要的是确保电池和车辆的安全性。辅助系统通常与 BMS 紧密集成，以实现对电池状态的全面控制。系统内置的先进的传感器和算法能够即时检测和解决可能对电池造成损害或影响车辆性能的因素。例如，当电池温度过高或过低时，系统会自动调整电池的工作状态或启动冷却系统，以避免可能引发的安全问题。同时，辅助系统也提供了诸如远程监控、数据记录和故障诊断等多种先进功能。这些功能不仅便于日常维护和长期性能跟踪，而且在一些紧急情况下，如电池故障或车辆事故，能够为第一时间的响应和处理提供重要信息。

随着车联网技术的不断发展，辅助系统越来越多地与云端服务和移动应用程序集成。这意味着车主和维修技师可以通过智能手机或其他移动设备，随时随地获取车辆和电池的实时信息，从而更为方便和高效地进行管理和维护。新能源汽车中的辅助系统是一个高度复杂和智能化的系统，它通过精确地监控和控制电池的工作状态，确保了电池和车辆的高性能和安全运行。随着电动汽车和新能源汽车市场的快速发展，这一系统的作用和影响也将越来越大。

4.2.2　主要组件和结构

在新能源汽车中，辅助系统是一个至关重要的部分，主要负责电池的管理和监控。这个系统由多个主要组件和结构组成，确保电池在各种工作条件下的安全性、性能和效率。

控制单元是辅助系统的大脑，通常由高性能的微处理器和专用软件构成。这个控制单元负责接收来自各种传感器和检测设备的数据，并通过先进的算法和逻辑做出相应的决策或指令。这些决策和指令随后被发送到电池、电机和其他关联系统，以实现最优化的运行和管理。

传感器和检测装置在辅助系统中扮演着非常重要的角色。这些设备包括温度传感器、电流传感器、电压传感器等，用于实时监控电池的物理和化学状态。所有数据都被送到控制单元进行分析，以便在需要时进行快速和准确的应对。

液压系统和电气系统也是辅助系统不可或缺的组成部分。这些系统提供必要的动力和电力供应，使电池能够在不同的工作模式下（例如充电、放电、冷却等）进行无缝切换。液压系统通常用于高功率应用，例如在快速加速或急刹车情况下，为电池提供额外的动力和稳定性。电气系统则更侧重于电池的日常管理和维护，包括充电管理、电量平衡和故障诊断等。

在高度集成的系统中，通信接口和协议也有着重要的作用。这些接口和协议确保辅助系统可以与车辆的其他电子系统（如车载信息系统、导航系统等）进行有效的数据交换和协同工作。这不仅提高了系统的整体性能，还增加了用户对车辆状态的了解和控制。

新能源汽车技术

在设计辅助系统时,安全性是首要考虑的因素。除了基本的物理防护和电气隔离,还有多重冗余和自我检测功能,确保即使在极端条件下也能维持电池和车辆的安全运行。

软件和用户界面也是系统的重要组成部分,先进的软件算法不仅用于数据处理和决策制定,还用于实现与用户的交互。通过触摸屏、语音控制或手机应用等多种方式,用户可以轻松地获取电池和车辆的实时信息,也可以进行一些基本的设置和调整。

综合以上各个组件和结构,新能源汽车中的辅助系统形成了一个高度复杂和集成的整体。它不仅需要处理大量的数据和信息,还需要与多个不同的系统和设备进行协调和合作。因此,它的设计和实现需要多学科的专业知识,包括电气工程、机械工程、计算机科学和材料科学等。这也是为什么随着新能源汽车技术的不断发展和普及,辅助系统的作用和重要性越来越被广泛认识。

4.2.3 新能源汽车辅助系统技术发展和趋势

在新能源汽车领域,辅助系统的技术发展和趋势呈现出多样化和高度集成的特点。特别是传感器技术获得了显著的进步,现代传感器不仅小巧、高精度,还能更实时地反映电池状态,如电压、电流和温度等,这种高度精密的数据采集技术极大地提高了电池管理的准确性和可靠性。同时,使用纳米材料和机器学习算法的新型电池温度传感器正在引领一场革命,让人们能够更精确地了解电池在各种工作条件下的性能和安全状况。

随着计算能力的迅猛提升,数据处理和算法也变得越来越复杂。高性能的微处理器和先进的数据分析技术使得系统能够实现更智能、更主动的电池管理,不仅能实时调整电池工作状态,以适应不同的驾驶条件,还能通过大数据分析和机器学习算法来预测潜在的电池问题或故障,极大地提高了电池的使用寿命和可靠性。

车联网(vehicle to everything, V2X)和云计算技术的广泛应用极大地推动了辅助系统的发展。通过与云端数据库的实时同步,辅助系统不仅能获取更多、更全面的电池数据和信息,还能实现远程监控和控制,增强了系统的灵活性和用户体验。此外,云计算平台提供了一个高度可扩展和定制化的解决方案,使得电池管理更为智能和高效。

在电池安全性方面,电池能量密度的不断提高和充电速度的快速增加,使辅助系统面临着巨大的挑战。新型的防火材料和高效的冷却系统正在被广泛研究和应用,以提高电池在极端条件下的安全性。同时,更为严格和标准化的电气安全规范也正在被制定和推广,以确保 BMS 能在各种复杂和危险的环境中稳定运行。

与此同时,电池本身的技术进步也对辅助系统提出了新的要求。随着固态电池、锂硫电池和其他新型电池技术的出现,辅助系统需要进行更为广泛和深入的研究和开发,以适应这些新技术所带来的不同需求和挑战。这不仅需要多学科的专业知识和协同合作,还需要持续的技术创新和产品优化。

综合来看,新能源汽车中的辅助系统正经历着一场由多个相互关联和影响的技术发展和趋势所驱动的深刻变革。从传感器技术到数据处理,从车联网和云计算到电池安全性,再到电池本身的技术进步,每一个方面都在不断地推动着整个系统向更高的性能、更强的可靠性和更广的应用领域迈进。这也预示着,在不久的将来,辅助系统将成为新能源汽车中不可或缺的一部分,它的影响将越来越深远。

4.3 燃料电池的常用性能参数

4.3.1 电学性能参数

4.3.1.1 开路电压

开路电压(open circuit voltage, OCV)是一个非常重要的性能参数,常用于描述燃料电池、电池组或其他电化学能源装置在电流为零(未连接负载或电路处于断开状态)时的电压。它是电化学反应平衡状态下的电势差,通常用于评估电池或燃料电池堆的理论最大能量输出。对于燃料电池而言,开路电压是一种理想状态,表示在没有电流流动的情况下,燃料和氧化剂在电极之间所能产生的最大电势差。

开路电压受多种因素影响,其中包括电解质的种类和状态、电极材料、燃料和氧化剂的质量和浓度、温度、压力等。这些因素都会对电化学反应的平衡电势产生影响,从而改变开路电压的数值。例如,提高温度通常会提高离子在电解质中的迁移速度,但也可能会增加反应的活化能,这两者可能会产生相互抵消的效应。因此，研究开路电压通常需要综合考虑多种影响因素。

在实际应用中，开路电压常用作一个重要的基准参数，它不仅直接反映了电池或燃料电池的性能和效率，还常用于 BMS 中，作为电量估算、健康监测和性能诊断的一个关键指标。如果测量到的开路电压低于预期值，这通常意味着电池或燃料电池存在某种问题，可能是材料降解、内部短路或是燃料或氧化剂质量不佳等。值得注意的是，开路电压并不等同于工作电压，在实际操作中，当电池或燃料电池连接到负载并开始供电时，内部电阻和电流产生的电压降通常会使实际的输出电压（工作电压）低于开路电压。因此，开路电压更多的是一个理论或基准值，而工作电压则是电池或燃料电池在实际应用中能够提供的电压。

开路电压是一个非常重要且复杂的性能参数，它涉及多种物理、化学和工程学原理。正确地测量和理解开路电压，不仅能够更准确地评估电池和燃料电池的性能和可靠性，还能为新能源技术的研发和应用提供有价值的信息和指导。

4.3.1.2　工作电压

工作电压是一个至关重要的电力系统参数，尤其在电池和燃料电池领域具有特殊的重要性。与开路电压不同，工作电压是电池或燃料电池连接到一个电气负载并且电流正在流动时的实际电压。这是一个实际运行条件下的参数，相比于理想状态下的开路电压，它更能反映设备在特定应用中的实际表现。

工作电压受多种因素的综合影响，包括内部电阻、电解质性质、电极材料以及操作条件（如温度和压力等）。内部电阻会导致电压降，这是工作电压低于开路电压的主要原因。高内部电阻不仅降低了设备的效率，还可能导致过热等安全问题。因此，减小内部电阻是提高工作电压和整体设备性能的一个重要途径。

电解质和电极材料的性质也对工作电压有着直接影响，不同的材料具有不同的离子传导性和电化学稳定性，这会影响电池或燃料电池在实际工作中的电压输出。另外，工作电压还受到外部操作条件的影响。一般而言，在高温和高压条件下，燃料电池的工作电压会有所提高，但这也可能加速设备的老化。在实际应用中，如电动汽车、便携式电子设备和可再生能源存储系统中，工作电压是一个深受关注的性能指标。它直接关系到系统的输出功率、效率和运行成本。例如，在电动汽车中，高工作电压意味着更高的动力输出和更长的续航里程，这对消费者而言是非常重要的。

工作电压还是 BMS 和燃料电池管理系统中的一个关键参数。通过实时监测工作电压，这些管理系统能够准确地评估设备的状态和性能，包括电量、健康状况和可能存在的故障。低工作电压通常是电池或燃料电池性能下降、内部损坏或其他问题的一个警告信号。

在电池和燃料电池的研究和开发中，工作电压同样是一个关键的研究对象。通过改进电解质和电极材料、优化设备结构和工艺条件，以及开发新的电化学反应机制，研究人员不断寻求提高工作电压和整体设备性能的方法。这不仅可以提高能量输出和效率，还可以降低成本和延长设备寿命。

4.3.1.3 电流密度

电流密度是描述燃料电池性能的一个关键参数，它量化了单位面积电极上流过的电流。在燃料电池领域中，电流密度不仅是一个度量输出功率的重要参数，而且与许多其他的性能指标，如电池的效率、寿命和可靠性，密切相关。通常，电流密度越高，意味着燃料电池的功率输出越大。然而，高电流密度也可能导致一系列不良影响，如过热、电极材料的快速降解以及不必要的能量损失。

电流密度的大小取决于多个因素，其中最主要的是电极材料和设计、电解质的性质以及操作条件，包括但不限于温度、压力和燃料流速。电极材料通常由高导电和高催化活性物质组成，以促进电子和离子的快速传输。然而，电极的设计和结构也必须兼顾其他方面，如机械稳定性和耐腐蚀性，因为这些因素在高电流密度下尤为关键。

在操作条件方面，温度和压力对电流密度有明显的影响，温度的升高通常会提高电解质和电极内的离子和电子传输速度，从而提高电流密度。然而，过高的温度也可能导致设备的结构不稳定和电极材料的快速降解。压力的增加通常能增加燃料和氧气在电极表面的可用性，进而提高电流密度。但同样，过高的压力可能会引发机械故障或其他运行问题。

电流密度也是评价燃料电池长期可靠性和经济性的一个重要指标。虽然高电流密度通常意味着更高的功率输出，但这通常是以更快的电极材料降解、更高的运行成本和更短的设备寿命为代价的。因此，在实际应用中，如在电动汽车或固定电力供应系统中，电流密度的选取常常是权衡多个因素的结果。电流密度还是燃料电池研发中的一个重要关注点，研究人员不断努力通过优化电极材料和设计、改进电解质性质以及调整操作条件来提高燃料电池的电流密度，以实现更高的功率输出和更长的设备寿命。这些研究不仅需要深入的物理和化学理解，还需要广泛的工程知识和实验技能。

电流密度是一个极为复杂但至关重要的燃料电池性能参数，它是多个内部和外部因素相互作用的结果，对燃料电池在不同应用中的性能和可靠性有着直接的影响。因此，准确地测量和控制电流密度，以及深入理解影响它的各种因素，对于燃料电池的设计、应用和研发都具有极高的价值。

4.3.1.4　功率密度

功率密度是用来描述燃料电池性能的一个关键参数，它实际上是电流密度和电压的乘积，通常以瓦特每平方厘米（W/cm^2）为单位来表达。功率密度被广泛用于比较不同类型、不同设计或不同操作条件下燃料电池的性能。它直接关系着燃料电池能在多大程度上满足特定应用需求，如电动汽车的动力输出或便携式电源的电量供应。

燃料电池的功率密度受到多个因素的影响，其中包括电极材料、电解质、反应气体的供应方式，以及操作条件如温度和压力。电极材料必须具有高的电导率和催化活性，以便于电子和离子的高效传输。同时，电解质——无论是液态还是固态——需要有良好的离子导电性，同时阻碍电子通过，以维持电压。反应气体（通常是氢气和氧气或空气）的供应方式也必须经过精心设计，以确保气体能够均匀分布在电极表面。

操作条件，特别是温度和压力，也对功率密度有重要影响。一般来说，高温有助于提高离子传导性和反应速率，从而提高功率密度。然而，过高的温度也可能导致电解质和电极材料的降解，从而降低电池的寿命。压力的增加通常可以提高反应气体在电极表面的浓度，从而提高功率密度；但过高的压力可能会引发机械故障或导致电极材料的压实，反而降低功率密度。

功率密度不仅是衡量单个燃料电池性能的标准，也是设计和优化燃料电池堆的基础。在电动汽车或固定电源应用中，多个燃料电池通常需要串联或并联以达到所需的电压和电流输出。在这些应用中，高功率密度通常意味着可以使用更少的燃料电池单元来达到相同的输出，从而节省成本和空间。

功率密度也是燃料电池研究和开发的一个核心目标，随着对可持续能源需求的不断增加，研究人员正在不断探索新的电极材料、电解质和设计方案，以提高燃料电池的功率密度。这些研究涉及多个学科，包括材料科学、电化学、机械工程和流体力学，需要深入的理论分析和严谨的实验验证。

高功率密度不仅可以提供更高的能量输出，还可以降低系统的体积和重量，从而提高燃料电池在各种应用中的适用性。通过对影响功率密度的各种因素的深入理解和不断优化，人们有望实现更高效、更可靠和更经济的燃料电池系统。

4.3.2 热力学性能参数

4.3.2.1 热效率

热效率是一个用于描述能量转换或能量传输效率的热力学参数，通常以从一个系统中提取或转移为有用工作或热量的能量与输入系统的总能量之比来定义。对于许多工程应用，包括内燃机、电力发电厂、制冷系统和燃料电池等，热效率是一个至关重要的性能指标。

在物理和工程语境中，热效率的定义很直接，但实际应用则复杂多变。由于现实中的能量转换过程往往伴随着多种形式的能量损失，如摩擦、热传导和电阻等，因此实际系统的热效率通常远低于理论最大值。这些效率损失可以通过不断优化系统设计和操作参数最小化，但由于热力学第二定律的存在，无法完全消除。

热效率在各种工程应用中具有不同的重要性。例如，在电力发电厂中，热效率决定了多少燃料需要被燃烧以生成一定量的电力。高热效率意味着更少的燃料消耗和更低的运行成本，也意味着更低的温室气体排放。在内燃机和燃料电池中，热效率影响着系统的功率输出和燃料使用效率，进而影响整体性能和可靠性。

系统设计、材料选择和操作条件都影响着热效率。在燃料电池和内燃机中，使用高导热性和高催化活性的材料可以提高热效率。操作条件，如温度和压力，也会影响热效率，因为它们改变了化学反应的动力学和平衡状态。热效率也是评估新技术和新设计方案可行性的关键因素。在研究和开发阶段，通过模拟和实验来预测和测量热效率是常见的做法。这些数据不仅有助于工程师优化现有系统，也为新技术的商业化和规模化提供了宝贵的信息。

随着可持续性发展和能效成为全球关注的焦点，热效率正在成为能量系统设计和优化的重要目标。提高热效率，不仅可以降低能量消耗和成本，还有助于减少温室气体排放和环境影响。因此，从基础科学研究到工程实践，热效率都是一个不断发展和变化的研究领域，在未来几十年里将越来越重要。热效率涉及多个科学和工程学科，需要深入理解热力学基础和现实应用中可能出现的各种效率损失。通过持续研究和技术创新，人们有望在各种应用中实现更高的热效率，从而推动能源系统向更可持续、更高效的方向发展。

4.3.2.2 热管理系统

燃料电池在运行过程中产生的热量是多方面的，包括由欧姆电阻引起的极化热、水蒸气冷凝的潜热放热、化学反应热以及电化学反应的熵变。根据现有知识进行计算，可知燃料电池运行过程中产生的废热中只有3%～5%可以通过电池排气的散热带走，这意味着绝大部分的废热，即大约95%，需要通过热管理系统中的冷却系统或余热回收系统进行处理。

燃料电池的热管理系统通常包括热交换器、冷却循环和控制系统三大组成部分。热交换器负责从电池传递热量到冷却剂，有助于保持电池在最佳温度下运行，从而提高其效率和寿命。冷却循环是维持燃料电池温度在理想范围内的关键，包括冷却剂（如水或特殊的冷却液）以及一个循环系统，该系统确保冷却剂均匀地流过电池，带走多余的热量。控制系统用于监测和调整燃料电池的温度，包括温度传感器、控制器和软件，它们协同工作以确保燃料电池在最佳温度下运行。

燃料电池能否持续稳定、高效、安全地工作，主要取决于其热管理系统的精确度和效率，而决定热管理系统精确度和效率最主要的因素就是温度。当电池的温度升高时，燃料电池的稳态特性和对负载的动态响应速度也会有巨大的提升，但温度过高会对燃料电池的性能有致命的影响。相反，当电池的温度降低时，电池的电化学反应速率会减慢，需要更高的过电压来维持相同的反应速率，燃料电池的启动时间和响应速度也会受到影响，进而降低电池的整体电导率和性能。因此，温度过高或过低都会对电池性能产生负面影响。

温度控制的关键是在高温下保持温度控制的精度和温度场分布的均匀性。为了实现这一目标，燃料电池热管理系统可以采用智能化的综合控制和系统管理，即将燃料电池的各个系统或部件集成为一个有效的热管理系统，针对燃料电池的不同工况进行智能化控制，并优化系统中各零部件之间的热交换过程。通过这种智能化控制，燃料电池的温度可以被精确地控制在最佳工作温度点。这不仅保证了关键部件和系统的安全高效运行，还维持了电池系统的性能和使用寿命。更重要的是合理的热能控制和利用可以减少废热损耗，提高燃料的能量效率，从而减少有害物质的排放。

4.3.3　机械性能参数

4.3.3.1　堆叠压力

堆叠压力是描述多层结构各层间受力情况的一个重要机械性能参数。通常，这是一个关键因素，影响整体装置的稳定性、持久性以及电化学性能。特别是在高性能应用场景，如电动汽车或大型储能系统中，堆叠压力的正确管理是至关重要的。

堆叠压力会影响多个方面的性能，它直接关系到电极和电解质之间的接触情况。良好的接触通常会使电阻降低，从而提高电流密度和总体效率。然而，过高的堆叠压力可能导致电极或电解质材料的变形或破裂，这将降低装置的寿命和可靠性。堆叠压力也影响内部气体或液体的流动特性，在燃料电池中，氢气和氧气需要能够自由地流过电极表面以参与电化学反应。如果堆叠压力太高，可能导致流道或孔隙被压缩，从而限制气体流动，降低电池效率。

不均匀的堆叠压力分布会导致应力集中和局部热点，这样不仅降低了装置的结构完整性，还可能引发安全问题，如过热甚至火灾。因此，堆叠压力的均匀分布是电池组设计和制造过程中的一个关键考虑因素。在设计阶段，通过有限元分析（FEA）或其他数值模拟工具，可以预测不同堆叠压力下的性能表现。这些模拟结果通常会用于指导设计决策，如材料选择、组件尺寸确定和压力方法应用。同时，也需要实验验证来校准和优化模型。在生产阶段，堆叠压力通常通过机械装置如螺栓或弹簧来控制，这些装置需要在装置的整个使用寿命内提供稳定和可靠的压力。

由于时间、温度和其他环境因素的影响，需要对堆叠压力定期检查和调整。

通过对堆叠压力的深入理解和管理，可以显著提高装置的性能，延长使用寿命，并减小潜在的安全风险。从设计到生产再到维护，堆叠压力管理都是一个需要综合考虑多个因素的复杂但必要的任务。

4.3.3.2 机械强度

燃料电池的机械强度性能是其成功应用于多种场景，包括交通、便携式电源和固定电源等的关键因素之一。这类性能主要涉及燃料电池组件和整体结构的耐用性、稳定性和抗应力能力，考虑到燃料电池常常需要在多种恶劣环境和复杂应用场景下工作，机械强度显得尤为重要。

燃料电池的电极、电解质和双极板等主要组件需要具有足够的机械强度以承受内部和外部的机械应力，这些应力可能源自装配过程中的压缩，运输和安装过程中的振动，或者长时间运行过程中由于热膨胀和收缩引起的内部应力。组件的机械强度不足，可能导致变形、断裂或其他结构失效，进而影响电池的电化学性能和使用寿命。

燃料电池常常需要在不同温度和湿度条件下工作，这些环境因素会对材料的机械性能造成影响。例如，高温可能导致某些材料变软，降低其机械强度；而高湿度环境可能导致材料吸水膨胀，进而影响其机械稳定性。因此，燃料电池材料需要经过特殊设计和处理，以保证在复杂环境下依然具有良好的机械性能。由于燃料电池通常是由多个单元电池堆叠组成，因此堆叠结构的机械稳定性是另一个关键问题。这不仅需要每一个单元电池具有良好的机械性能，还需要整体结构能够均匀地分配压力和应力，以防止局部应力集中导致失效。从系统层面来看，燃料电池还需要与其他组件（如冷却系统、气体供应系统等）整合为一个高度复杂的系统，这就要求燃料电池不仅自身需要具有高机械强度，还需要与其他组件能够形成一个机械性能协调一致的整体。

燃料电池的机械强度性能涉及多个层面，包括材料选择、组件设计、结构优化和系统整合等。这些因素共同决定了燃料电池在复杂应用环境下的稳定性和可靠性。因此，对燃料电池的机械强度性能进行深入研究和优化是提高其商业应用前景和社会价值的关键步骤。

4.4 车载氢系统

车载氢系统是用于储存和供应氢气以供燃料电池使用的装置，通常包括高压氢储罐、压缩机、阀门和管道，用来实现燃料电池汽车的高效和安全运行，如图4-3 所示。

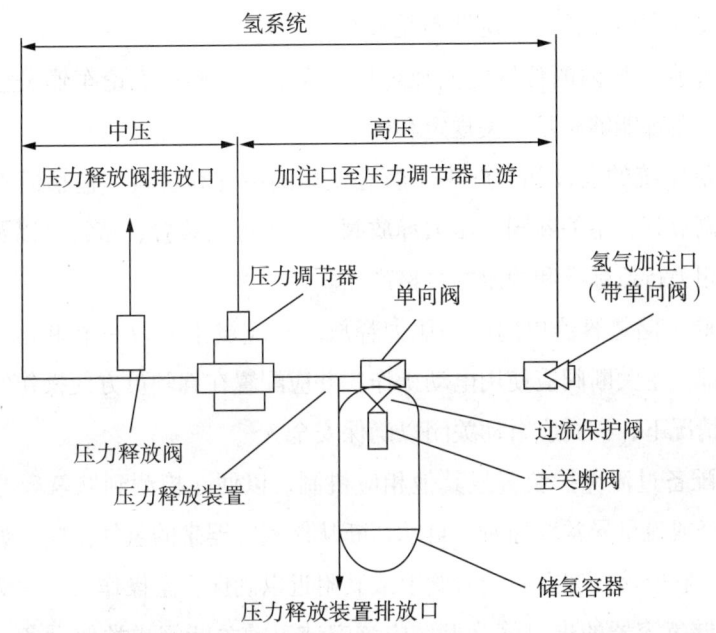

图 4-3　车载氢系统示意图

主关断阀负责控制氢气从储存容器到下游的供应，起到一个切断的作用，以确保安全和有效地管理氢气流动。储氢容器单向阀则是储氢容器主阀中的一种特殊阀门，其主要作用是防止氢气反流回加注口，从而确保氢气的单向流动和安全性。压力调节器的任务是维持系统内氢气压力在预定的设计范围内，保证系统稳定运行。压力释放阀用于应对异常情况，当减压阀下游的管路压力异常增高时，它能通过排气将压力维持在正常的安全范围内。这四种阀门共同构成了一个全面、高效且安全的车载氢系统的流控和安全保障机制。

4.4.1　车载氢系统一般要求

车载氢系统应符合《燃料电池电动汽车　安全要求》（GB/T 24549—2020）的

规定，且车载氢系统及其装置应能在正常使用条件下，安全、可靠地运行。

在设计和构建车载氢系统时，应尽量减少高压管路的连接点数量以提高系统的安全性和效率。同时，需要确保这些连接点易于施工，能够良好地密封，并且方便进行检查和维修，以保障长期的可靠性和稳定性。

在设计车载氢系统时，需要选择与氢兼容的材料，并特别关注氢脆现象，以确保系统的设计寿命和长期稳定性不受影响。

储氢容器在车辆内的位置应当经过精心规划，以确保无论车辆是空载还是满载，其载荷分布都能够满足相关规定和标准。

在车载氢系统的设计和实施中，所有使用的组件和材料，包括但不限于储氢容器、压力调节阀、主关断阀、压力释放阀、压力释放装置、密封件以及管路，都应该是符合相关行业标准和规定的合格产品。

主关断阀、储氢容器单向阀和压力释放装置应被集成为一个单元，安装在储氢容器的端部。主关断阀应使用电动操作，并应配置在驾驶员方便操作的位置。在出现断电的情况下，该阀应自动关闭以确保安全。

系统应配备过流保护装置或其他相应机制，以便在检测到储氢容器或管道内压力异常下降或流量异常增加时，自动切断从储氢容器来的氢气供应。如果使用过流保护装置，它应该安装在主关断阀上或其附近以确保安全操作。

在每个储氢容器的进口管路上，应该安装手动关断阀或类似设备。这样，在进行加氢、排氢或维修操作时，可以单独地隔离各个储氢容器，以提高系统的灵活性和安全性。

4.4.2 储氢容器和管路一般要求

为车辆补充氢气时，不应通过更换储氢容器的方法进行。

车载氢系统的管路应该规避热源、电器和蓄电池等可能产生电弧的区域，与这些区域至少需要有 200 mm 的距离。特别是管路接头，不能位于封闭空间内。在可能产生静电的区域，高压管路和相关部件应进行可靠的接地或采取其他措施来控制氢泄漏和浓度，以确保即使在静电环境下也不会产生安全隐患。

储氢容器和相关管路应尽量避免安装在乘客舱、行李舱或其他通风不良的区域。如果实在无法避免这样的安装位置，必须设计相应的通风管路或采取其他有效措施，以确保任何可能泄漏的氢气能被及时排除，以维护系统和乘客的安全。

储氢容器和管路必须被牢固地安装，并且应在紧固带与容器之间放置缓冲保护垫，防止在行驶过程中产生位移或损坏。在容器充满氢气的工作压力下，所有固定在其上的部件都应能够抵抗车辆加速或制动时产生的冲击力，而不会松动。容易损坏的区域应有额外的保护措施，储氢容器的紧固螺栓应配备防松装置，并且其紧固力矩应满足设计规定。最后，储氢容器在被紧固后，应在上、下、前、后、左、右六个方向上都能够承受一定级别的冲击力，确保容器和固定座不会损坏，且相对位移不超过 13 mm。

在支撑和固定管路的过程中，金属零件通常不应直接与管路发生接触。然而，如果管路与这些支撑和固定件是通过直接焊合或使用焊料进行连接的，那么这种直接接触是可以接受的。这种设计旨在避免潜在的磨损或损坏。

刚性管路应布置得合理且整齐，避免与周围部件发生碰撞或摩擦。管路的保护垫应具有良好的抗震性能，并能够消减热胀冷缩所带来的影响。在管路进行弯曲的地方，其中心线的曲率半径至少应为管路外直径的五倍。对于两端都固定的管路，中间部分应有适量的弯曲，以适应各种工况，同时各支撑点之间的距离不应超过 1 m。这样的设计确保了管路的稳定性和长期使用的可靠性。

刚性管路和相关附件在车辆内的安装应至少距离车辆边缘 100 mm 以上。如果无法满足这个距离要求，那么必须采取额外的保护措施来确保管路和附件的安全性，这样做是为了减少潜在的损坏风险。

储氢容器和管道如果可能受到排气管或消声器等热源的影响，应加设适当的热绝缘保护层。除此之外，还需要针对各种使用环境考虑储氢容器的安全，比如加装专门的防护装置。对于直接暴露在阳光下的储氢容器，还需要设置遮阳棚或其他类型的覆盖物。

在车辆遭遇碰撞的情况下，主关断阀应能根据预设的碰撞敏感度级别自动立即关闭，从而迅速中断从储氢容器至管路的氢气供应，以确保车辆和乘客的安全。

4.4.3 氢气泄漏及检测

车载氢系统在推动新能源汽车的发展中具有不可替代的地位，但其存储和传输氢气的特性也带来了一定的安全挑战，其中最引人注目的就是氢气泄漏和检测问题。对于车载氢气系统来说，泄漏不仅会导致燃料损失，还可能引发火灾或爆炸，对人们的生命安全构成严重威胁。因此，准确、及时的氢气泄漏检测和应对机制是车载氢系统设计中的重要组成部分。

氢气具有非常低的点火能量和较宽的可燃范围，一旦泄漏，就很容易与空气中的氧气发生反应，产生高温火焰或爆炸。另外，由于氢气是一种无色、无味、无臭的气体，肉眼难以察觉其泄漏，因此泄漏检测技术尤为关键。通常，车载氢系统会采用多种传感器，例如电化学传感器、红外传感器、声学传感器等，来实时监控系统内的氢气浓度。这些传感器通常安装在氢气储存和传输的关键部位，如储氢容器、阀门、接口和管道等。

一旦检测到氢气泄漏，系统会立即启动应急响应机制。首先，主关断阀会自动关闭，切断氢气供应，以最大限度减少泄漏量。同时，车载警报系统会发出警示，提醒驾驶员和乘客立即采取行动。某些高级系统还可能启动自动喷水或干粉灭火系统，以控制火势。同时，系统也会通过车载通信系统，自动将泄漏信息传送到云端或紧急服务中心，以便迅速启动救援或维修。

泄漏检测技术也在不断发展。例如，人工智能和大数据技术正被逐步应用于氢气泄漏检测。通过收集大量的运行数据，人工智能算法可以更准确地判断是否存在泄漏风险，甚至还能预测潜在的泄漏点，从而提前采取预防措施。然而，任何技术都不是万能的，因此车载氢系统的设计还应注重"防泄漏"的基础性工作，包括选择与氢气兼容的材料，确保各个组件的严密性和可靠性，以及定期进行维护和检查。这样，即使在面对复杂和多变的使用环境时，也能最大限度地确保氢气系统的安全运行。

车载氢系统的氢气泄漏与检测是一个高度综合性的问题，涉及多个学科和专业领域，如材料科学、传感技术、数据分析和应急响应等。随着新能源汽车市场的快速发展，相信这一领域也会得到更多的关注和投入，从而不断提高系统的安全性和可靠性。

4.4.4 压力释放装置和氢气的排放

压力释放装置。为避免调节器下游压力异常增加的风险，可采取以下两种措施：一是通过压力释放阀将多余的氢气排出；二是直接切断压力调节器上游的氢气供应。这些方法有助于维护系统安全。

氢气的排放。在压力释放阀进行氢气排放时，释放气体的流向和方位应该规避人群、电源和火源。排气设备最好安装在车辆的高处，确保排放的氢气不会对人员造成伤害，同时防止氢气流向暴露的电气端子或火源等潜在危险部件。

所有压力释放装置排气时都应遵循如下原则：氢气应避免直接排向乘客舱和后备箱，不应朝向车轮空间或本车的前方排放，也不能流向裸露的电气端子、电气开关或其他潜在的点火源，以及其他储氢容器。

单元 5　电动汽车驱动电机

5.1　电动机相关理论

5.1.1　电动机简述

电动机是电动汽车系统的核心部件之一，负责将电能转换为机械能以推动汽车前行。相对于内燃机，电动机具有更高的效率、更低的噪声且零排放，成为一种越来越受欢迎的动力选项。与传统的内燃机相比，电动机的工作原理和结构都要简单得多，这有助于降低维护成本和提高可靠性。

电动汽车电动机主要有以下几种类型：交流感应电动机、永磁同步电动机、交流无刷电动机和开关磁阻电动机等。每种电动机类型都有其特定的优缺点，例如，永磁同步电动机由于没有电枢损失，效率更高，但成本也更高；交流感应电动机更经济，但效率相对较低。根据具体应用和性能要求，不同类型的电动机可能会在不同的电动汽车设计中使用。

电动汽车电动机通常与电池、电力电子变换器和控制器等组件一起工作，形成一个完整的电驱动系统。电池储存电能，电力电子变换器负责将电池的直流电能转换为电动机所需的交流电或直流电，而控制器则负责调节电机的转速和转矩，以满足驾驶员的动力需求和确保车辆性能。近年来，电动汽车电动机的技术也在不断进步。例如，电机控制算法的优化不仅可以提高电机效率，还可以改善其动态性能。此外，新型高温超导电机和三维（3 dimensions，3D）打印电机技术也在研发中，旨在进一步提高电机的功率密度，减少其体积和重量。

在未来，电动汽车电动机的高效率、高性能和低成本会受到更多重视。随着电池技术和电力电子技术的进步，电动汽车电动机也将在电动汽车系统中发挥越来越重要的作用。随着电动汽车市场的快速增长和环境保护意识的提高，电动汽车电动机无疑将继续得到广泛的关注和研究，以满足日益严格的环境和性能要求。

5.1.2 电动汽车电动机的运行模式

电动汽车电动机可以同时作为驱动电机和发电机使用。

5.1.2.1 电动模式

在电动模式下，电动汽车电动机主要负责将电能转换为机械能，用于驱动车辆前进或执行其他动作。这是电动汽车最基本和最常见的运行状态。

首先，逆变器从电池中抽取电能进行工作，这一过程导致电池处于放电状态。

其次，电动机从逆变器那里获得所需的电功率以实现其运行。

最后，电动机将电能转换为机械能，并以正比关系的转矩和转速来驱动车辆前进。

5.1.2.2 发电模式

在电动汽车中，电动机也能作为发电机运行，特别是在车辆减速或下坡时，这一技术被称为"再生制动"，其中电动机将机械能转换为电能，再储存回电池中。这不仅提高了能源利用效率，还减少了对传统刹车的需求，延长了其使用寿命。这一模式由车辆的控制系统自动或手动调控，有助于提高电动汽车的续航里程和整体效率。

当车辆在行驶中带动电动机运转时，电动机的力矩和转速方向相反，意味着电动机此时是在接收轴上的机械能，而不是输出。这通常发生在车辆减速或下坡时。

在特定的工作模式下，电动机不再消耗电能推动车辆，而是转化接收到的机械能为电能并输出。

逆变器将转换的电能以直流电的形式传输给电池，从而为电池充电，这一过程增加了电池的储能量。

5.1.3 电动汽车电动机与工业电动机的区别

电动汽车驱动电动机和工业电动机在设计、应用和性能要求等方面有着明显的区别。

在应用环境方面，电动汽车电动机主要用于复杂、多变的移动环境中，如电动或混合动力汽车。它们需要面对各种地形和气候条件，而工业电动机则大多数用于相对固定和可控的环境，如工厂的机器设备，包括但不限于输送带、电梯和各种泵等。

电动汽车电动机通常需要具备高度的抗震动、抗冲击和防尘能力，因为它们需要适应道路行驶中可能出现的各种不稳定因素。相比之下，工业电动机在一般情况下不需要这些特性，因为它们通常处于相对稳定的操作环境中。

电动汽车电动机需要具有快速响应的能力，以满足动力输出、节能和环保等方面的需求。工业电动机则更注重稳定性和长周期运行的可靠性，可能并不需要非常短的响应时间。

在控制方面，电动汽车电动机通常需要与车辆的其他电子系统（如传感器、控制单元等）紧密集成，以实现更智能、更精细的控制。而工业电动机通常作为单一设备运行，或者与工业自动化系统集成。

从尺寸和重量来说，电动汽车电动机通常更加紧凑，以适应有限的车辆空间和减少车辆总重。工业电动机则在尺寸和重量上有更大的灵活性，因为它们通常不受到空间和重量的严格限制。

电动汽车电动机通常需要优异的冷却系统，以应对持续或间歇性的高负荷工作状态。工业电动机虽然也需要冷却，但由于工作环境相对稳定，冷却系统没有那么复杂。

从经济性和成本方面来看，电动汽车电动机需要满足更多严格的性能和安全标准，因此它们的生产成本会相对较高。工业电动机则更注重成本效益和长期可靠性，而非快速响应和高度集成。

电动汽车电动机与工业电动机在多个方面都有明显的区别，包括但不限于应用环境、性能要求、控制复杂性、尺寸、重量以及冷却需求等。这些区别使得两者在设计、选材和生产过程中都有着不同的考量和挑战。

5.2 电动机的相关参数

电动机设计涉及多个关键指标的设定,包括但不限于电动机的额定和峰值功率、标准与最高转速、最大转矩以及所需的标准电压等。这些参数决定电动机的性能和应用适用性。

5.2.1 电动机的额定功率和峰值功率

电动机是电动汽车的核心动力组件,其功率大小直接影响着车辆的整体性能。选择高功率电动机会提升车辆的动力,但过大的功率会增加电动机的体积和重量,同时降低工作效率,进而降低车辆的续航能力。因此,在确定电动机功率参数时,通常车辆的最高速度、最大爬坡能力和加速表现需要被综合考虑。

5.2.1.1 根据电动汽车最高车速确定电动机功率

在设计阶段,电动机的额定功率应至少等于汽车在最高速度下行驶所需的总阻力消耗功率。电动汽车以最高车速行驶消耗的功率 P_{m1} 为

$$P_{m1} = \frac{u_{max}}{3\,600\eta_t}\left(mgf + \frac{C_D A u_{max}^2}{21.15}\right) \tag{5-1}$$

式中,u_{max} 为最高行驶车速(km/h);m 为整车质量(kg);f 为滚动阻力系数;C_D 为迎风阻力系数;A 为迎风面积(m²);η_t 为机械传动系统效率。

5.2.1.2 根据电动汽车最大爬坡度确定电动机功率

电动汽车以某一速度爬上最大坡度消耗的功率 P_{m2} 为

$$P_{m2} = \frac{u_p}{3\,600\eta_t}\left(mgf\cos\alpha_{max} + mg\sin\alpha_{max} + \frac{C_D A u_p^2}{21.15}\right) \tag{5-2}$$

式中,u_p 为电动汽车爬坡时的行驶速度(km/h);α_{max} 为最大坡度角。

5.2.1.3 根据电动汽车加速性能确定电动机功率

电动汽车在水平路面上加速行驶消耗的功率 P_{m3} 为

$$P_{m3} = \frac{u_f}{3\,600\eta_t}\left(mgf + \frac{C_D A u_p^2}{21.15} + \delta m \frac{du}{dt}\right) \tag{5-3}$$

式中，u_f 为电动汽车加速后达到的速度（km/h）；δ 为汽车旋转质量换算系数。

电动机的额定功率应满足电动汽车在最高速度下的需求，而峰值功率则应同时满足车辆在最高速度、最大爬坡能力和加速性能下的需求。所以电动汽车电动机的额定功率和峰值功率分别为

$$P_e \geqslant P_{m1} \tag{5-4}$$

$$P_{emax} \geqslant \max\{P_{m1}, P_{m2}, P_{m3}\} \tag{5-5}$$

电动汽车中，峰值功率与额定功率的关系是

$$P_{emax} = \lambda P_e \tag{5-6}$$

式中，P_{emax} 为电动机的峰值功率（kW）；P_e 为电动机的额定功率（kW）；λ 为电动机过载系数。

5.2.2 电动机的最高转速和额定转速

电动汽车最高行驶速度与电动机最高转速之间的关系为

$$n_{max} = \frac{u_{max}\Sigma i}{0.377r} \tag{5-7}$$

式中，n_{max} 为电动机的最高转速（r/min）；u_{max} 为电动汽车的最高行驶车速（km/h）；Σi 为传动系统传动比，一般包括变速器传动比和主减速器传动比；r 为车轮半径（m）。

电动机额定转速为

$$n_e = \frac{n_{max}}{\beta} \tag{5-8}$$

式中，电动机扩大恒功率区系数β有多方面的影响。其数值越大，额定转速越低，对应的转矩越高，有利于提升车辆的加速、爬坡性能以及运行稳定性。然而，这也会导致功率变换器体积增加，因此通常这个值被限制为 2～4。

5.2.3 电动机最大转矩

电动机的最大转矩参数应该被设计为能够满足电动汽车在启动时所需的转矩，以及在最大爬坡度条件下的转矩需求。这样的设计确保了车辆在不同驾驶场景下都能表现良好，同时要结合传动系统最大传动比。电动机的最大转矩为

$$T_{max} = \frac{mg(f\cos\alpha_{max} + \sin\alpha_{max})r}{\eta_t i_{max}} \quad (5-9)$$

式中，i_{max} 为传动系统最大传动比。

5.2.4 电动机额定电压

电动机的额定电压是一个非常重要的参数，它直接影响电动机的性能和应用范围。这个电压值是电动机在正常运行条件下所需的标准电压，通常在产品规格或数据表中明确给出。选择合适的额定电压对于确保电动机高效、安全且可靠地运行至关重要，高于或低于额定电压的供电都可能导致电动机性能下降，甚至可能引发安全问题，例如过热或电气故障。在电动汽车中，电动机的额定电压通常与电池包的电压匹配，以最大化整车性能和驾驶续航里程。在设计或选择电动汽车电动机时，额定电压是一个必须仔细考虑的关键因素。

5.3 电动汽车驱动电机的分类和结构

电动汽车驱动电机有多种类型，主要分为直流电机、交流异步电动机、永磁同步电动机、无刷直流电机，各自具有独特的应用场景和性能特点。直流电机是一种传统而广泛应用的电机，特点是输出转矩和转速容易控制；交流异步电动机，也被称为感应电机，以其简单的结构和高效运转而获得广泛使用，但调速性能相对较差；永磁同步电动机使用永磁材料，具有效率高和体积小的优点，但成本相对较

高；无刷直流电机采用电子换向，消除了电刷的磨损问题，提供了更高的效率和更快的响应速度。这些电机类型在工业、交通、家用电器等多个领域有着广泛的应用。

5.3.1 直流电机

首台直流电机于 19 世纪 30 年代初期问世，然而，随着 1890 年三相交流电的引入，同步电机逐渐取代了直流电机的主导地位。尽管如此，直流电机仍然在今天得到广泛应用。它作为主要电机类型，在车辆电气系统中扮演着重要角色，用于驱动车窗玻璃刮水器、车窗升降器、鼓风机和伺服电机等各种设备，具有的最大功率约为 100 W。

直流电机可以将（直流电流形式的）电能转化为动能。它由一个固定部件定子和一个转动支撑部件转子（电枢）组成，如图 5-1 所示。大多数直流电机采用内部转子结构，即转子是内部部件，定子是外部部件。定子由电磁铁组成，在小型直流电机内由永久磁铁构成。

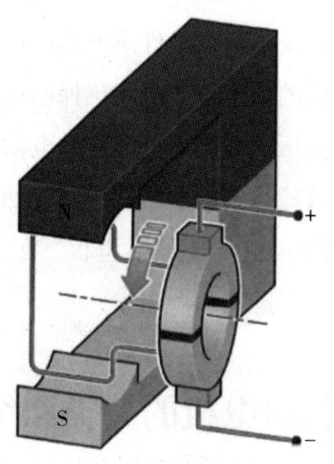

图 5-1　直流电机的结构

电机依靠施加在磁场内的载流导体上的作用力来工作，导体上的作用力取决于导体内的电流强度、磁场强度、导体有效长度（线圈圈数）。

为了提高作用力，使用带有铁芯的线圈代替载流导体。在图 5-2 中仅显示了一个线圈，以便于更好地进行描述。

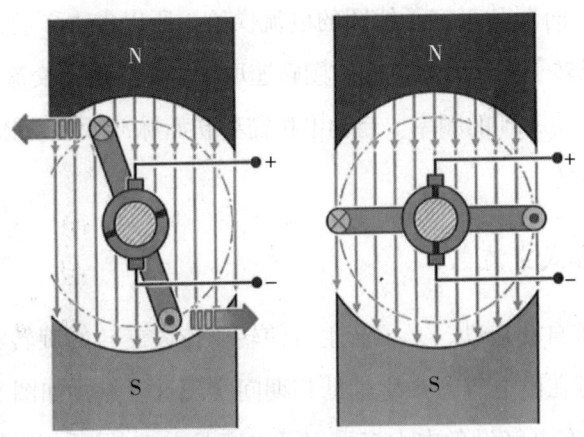

图 5-2 载流导体的旋转

在线圈上施加电压时,线圈内流动的电流产生一个磁场(线圈磁场)。永久磁铁内板和线圈相互作用,产生总磁场。根据线圈内的电流方向,左旋或右旋力矩产生,并推动线圈不断旋转。为了改变电流方向,线圈连接了电流换向器(集电环),每旋转180°,实现一次电流方向的切换,从而实现连续转动。

5.3.2 交流电机

5.3.2.1 单相交流电机

在交流电机上,来自定子线圈的交流电流的极性将自动使转子磁场的极性倒转,如图5-3所示。

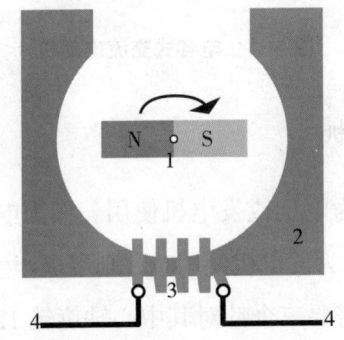

1—转子;2—定子;3—定子线圈;4—连接。

图 5-3 交流电机

因为省去了换向器和对定子线圈的电流供给,所以省去了直流电机上需要的滑环或电刷。如果转子刚刚开始旋转,则转速取决于交流电(交流电的电压水平决定了可产生的最大功率)的频率。启动电机需要初始脉冲(启动脉冲),以便启动顺时针或逆时针旋转。

5.3.2.2 电容式交流电机

要使交流电机自动启动,必须产生可使转子持续旋转的旋转场。在简单的交流电机上,通常可在由电容器产生辅助相期间实现这一点,如图5-4所示。使用230 V主电源的所有电气设备中大多采用了电容式交流电机。此类电机设计简单,但不适合需要高功率级别的应用。

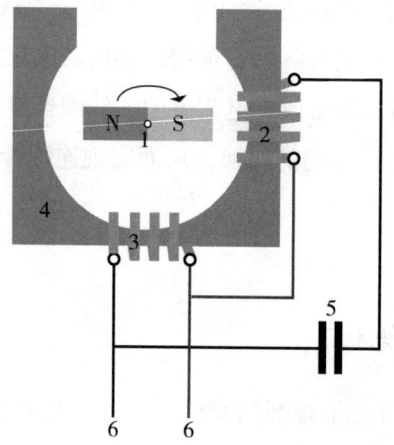

1—转子;2—定子线圈;3—用于辅助相的定子线圈;4—定子;5—电容器;6—连接。

图5-4 电容式交流电动机

5.3.2.3 三相交流电机

三相交流电机可以作为电机或发电机使用。作为电机使用时可以通过三相交流电流产生旋转电磁场。作为发电机使用时,则可以产生三相交流电流。

要产生旋转电磁场,需要三个针对其中心轴旋转120°的线圈。通常这三个线圈被安装在三相交流电机的定子上。这三个线圈可提供相位差为120°的交流电压,如图5-5所示。

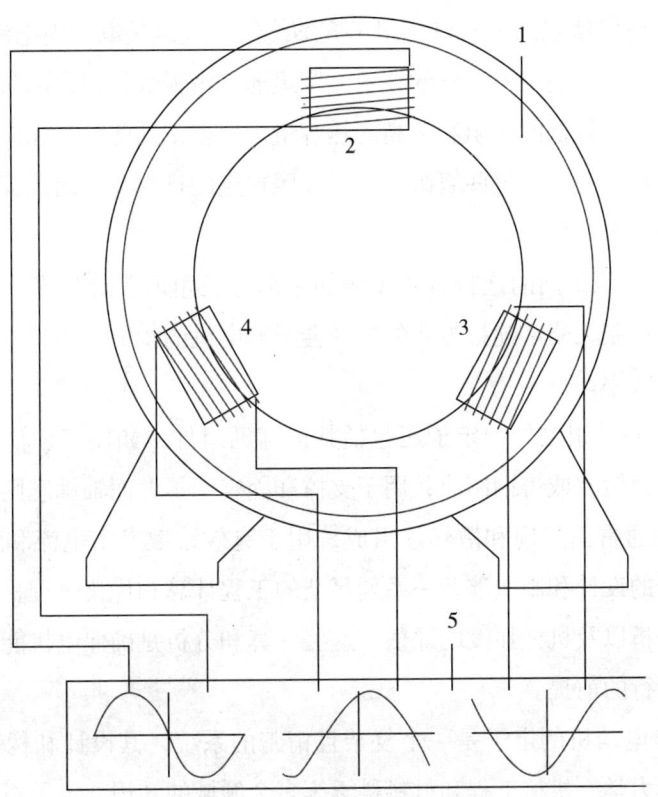

1—定子；2—绕组 U；3—绕组 V；4—绕组 W；5—三相电流的相位。

图 5-5　三个交流电压的曲线

5.3.3　同步电机

同步电机的转子中的磁场由永磁体（较小的机器）或电磁体（较大的机器）产生，因此一般又被称为永磁同步电动机。

5.3.3.1　永磁同步电动机定子的组成

永磁同步电动机的定子是一个极其关键的组成部分，其设计和结构直接影响电机的性能和应用范围。从材料角度来看，定子一般由高质量的硅钢片构成，这种特殊的钢片能有效减少磁滞损耗和涡流损耗。

定子的基本结构包括一个名为定子芯的铁芯和一组绕组，定子芯通常是由多个单独的硅钢片层叠而成的，这些钢片通过绝缘材料隔开，以减小涡流损耗，在定子芯内，有几何形状规则的槽口，用于容纳绕组。绕组是电机内电流流动的通道，其设计和制作是一门高度专业化的技术。绕组通常由铜线构成，因为铜是一种良好的导电材料，具有较低的电阻和较高的热容量。根据不同的设计和应用需求，绕组可能是圆形或矩形截面。这些绕组被严格按照预定的排列和方向放置在定子芯的槽口内，以形成一个高效的磁场。

绕组可以按照不同的连接方式（例如星形或三角形）进行连接，这主要取决于应用需求和控制策略。连接方式的选择会影响电机的相电流和相电压，从而影响电机的转矩和效率。

除了铁芯和绕组之外，定子还包括其他辅助组件，如端盖、轴承座和冷却系统。端盖通常由铸铁或铸钢制成，用于支撑和固定轴承，而轴承座则用于固定转子轴。冷却系统通常由风扇和散热片组成，用于有效地散发由电流和摩擦产生的热量。电机定子的设计和制造涉及一系列复杂的工程计算和优化过程，包括磁场分布的模拟、热分析以及机械强度的评估。这些计算和分析是确保电机能在不同工况下可靠、高效运行的前提。

永磁同步电动机的定子是一个复杂且精密的系统，其设计和构造需要综合考虑电磁学、热力学、机械工程和材料科学等多个领域的知识。定子不仅影响电机的基本性能参数，如转矩和效率，而且关系到电机的可靠性和使用寿命。

5.3.3.2 永磁同步电动机转子的组成

永磁同步电动机的转子由几个主要部件组成，包括永磁体、转子铁心和转轴。永磁体主要由铁氧体和钕铁硼两种类型的永磁材料制成，根据磁极设计的需要，转子铁心可以用实心钢构造，也可以由钢板或硅钢片经冲剪和叠压制作而成。

永磁同步电动机的转子结构主要可分为两大类：表贴式（SPM）和内置式（IPM），这个分类是基于永磁体在转子内部的安装位置来确定的。

图 5-6（a）展示的是一种外表贴式转子结构，在这种结构中，永磁体通常是瓦片状并安装在转子铁心外侧，这种设计具有结构简单、成本低和转动惯量小的优点，通常应用于中小功率的永磁电机。由于永磁体容易优化，它能实现电机气隙磁通密度波形接近正弦波，因此这种转子结构常用于方波永磁同步电动机和正弦波永磁同步电动机的恒功率运行范围不广的情况。

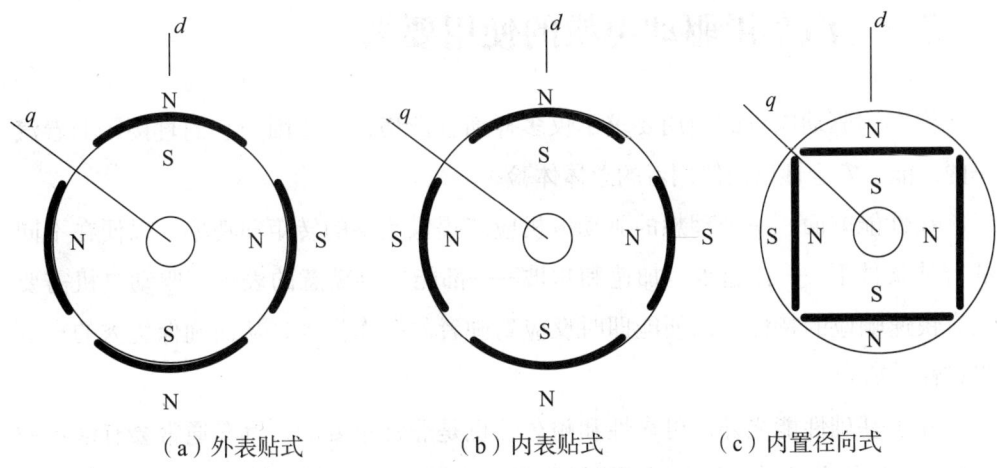

(a) 外表贴式　　　　（b) 内表贴式　　　　（c) 内置径向式

图 5-6　永磁同步电动机的转子结构类型

5.3.4　异步电机

三相电流异步电机可以作为电机或发电机使用。异步电机的特点是不为转子直接提供电流，而是通过定子旋转磁场的磁场感应产生转子磁场。因为转子使用了定子旋转磁场产生的感应电流，所以异步电机也被称为感应式电机。

定子旋转磁场转速和转子转速之间的差被称为异步转速。异步转速的大小取决于负荷。定子旋转磁场和转子以不同的转速旋转，也就是说没有同步转动，因此这种电机被称为异步电机。异步电机与直流电机相比，其优点是结构简单且坚固耐用，尤其不再需要集电环和电刷。由于结构简单，因此价格便宜且所需维护较少。异步电机通常作为电动机使用。

从电气角度来看，异步电机就像一个变压器。定子绕组为初级，短路的导体棒为次级。自调节电流取决于转速。

怠速运行时异步电机的替代电路图主要由定子电阻（Rs）和定子电抗（Xs）构成，因此电机接收的几乎都是无功功率。只要转子没有转动，变压器的次级侧始终处于短路状态，因此需要提供一个较高的电流和一个较强的磁场。在启动范围内电机的效率较差并且会产生很高的温度。只要电枢开始转动且已适应周围的旋转磁场，电流就会变小，效率也会得到提高。通过供电电子装置和可以提高或降低频率的变频器实现异步电机的转速控制。

5.4 汽车用驱动电机的使用要求

汽车用驱动电机的使用要求不仅多样而且严格，主要因为它们直接影响着汽车的性能、安全性以及使用者的总体体验。

在性能方面，一个理想的驱动电机应能提供足够的转矩和功率，以便在不同的行驶条件下——如起步、加速和爬坡——都能提供满意的表现。驱动电机需要具有快速响应的特性，以便能即时反应驾驶者的操作指令，从而确保优秀的车辆操控性。

除了基础性能之外，可靠性和耐久性也是非常重要的。汽车通常会有多年的使用寿命，因此驱动电机也需要设计得足够耐用，以适应长时间、不间断的工作需求。特别在复杂的路况和气候条件下，驱动电机的抗震性和环境适应能力显得尤为重要，在不同的温度和湿度条件下，驱动电机应能保持稳定的性能表现。

在安全方面，驱动电机需要具有良好的热管理系统，以避免因过热而出现性能衰退或故障。此外，它还应具备故障检测和预警机制，以便在关键时刻提供必要的安全保障。

从环境适应性的角度来看，驱动电机的设计必须考虑各种可能的工作条件，特别是防水和防尘性能，这两点尤为关键，因为汽车在日常使用中可能会面临多变的天气和路况，如暴雨、雪天、沙尘暴等。良好的防水性能不仅能确保电机在湿润或者下雨的环境中正常运作，还有助于防止内部元件因湿气而生锈或损坏。同样，优秀的防尘性能也是必要的，以防止灰尘和细小颗粒进入驱动电机内部，导致驱动电机性能下降或者出现故障。总体来说，驱动电机的环境适应性是其可靠性和持久性的重要保证。

经济性也是一个不能忽视的要点。虽然高性能的驱动电机可能会提高初次购买的成本，但如果从长期运行和维护的角度来看，高效和可靠的驱动电机往往具有更高的性价比。与此同时，驱动电机的工作效率直接影响了车辆的续航里程，这对于电动汽车尤为关键。

除了这些基础要求，还有一些更为细致和专业的需求。例如，驱动电机的控制系统需要与车辆的其他电子系统（如电池管理系统、制动系统等）完美兼容，并且能提供精确的控制来满足复杂驾驶条件下的各种需求。在法规和标准方面，驱动电机需要遵循相关的国家和地区规定，这可能涉及各种安全和环保标准。

5.5 汽车用驱动电机的应用分析

汽车用驱动电机的应用已经不仅仅局限于电动汽车或者混合动力汽车，它们越来越广泛地应用于现代汽车的多个系统中，改变了人们对传统燃油车的理解。以下是对其应用的详细阐述。

在纯电动汽车和混合动力汽车中，驱动电机扮演着至关重要的角色，它负责将电能转换为机械能，推动车辆前进。驱动电机不仅仅是一个单纯的动力源，它还与高级电池管理系统和复杂的 ECU 紧密集成。这种集成不仅提高了车辆的整体能效，还有助于减少碳排放，符合日益严格的环境保护标准。

驱动电机的一大优点是其高转矩输出，这意味着即使在低速状态下也能产生大量的动力，为汽车提供了优秀的起步性能和爬坡能力。同时，驱动电机的高效率意味着它能更有效地将电池的电能转换为推动力，从而延长电池寿命和增加行驶里程。这一点对于电动汽车尤为重要，因为行驶里程一直是消费者关注的核心问题之一。

再者，驱动电机的快速响应特性使得车辆在行驶过程中能更准确地执行驾驶员或自动驾驶系统的指令，无论是快速加速还是紧急制动，都能得到即时和精确的执行。这不仅提高了驾驶的安全性，也增强了乘坐的舒适度。驱动电机在纯电动汽车和混合动力汽车中不仅负责基础的推动任务，更在能效、环保、安全性和舒适度等多个方面发挥了重要作用。

在当代的智能汽车系统中，小型电机的重要性日益凸显。这些电机被广泛应用于多个方面，包括方向盘助力、座椅和镜子的自动调节以及空调和娱乐系统的控制。每一个这样的应用都需要电机具备极高的精度和可靠性。例如，方向盘助力电机必须能精确地响应驾驶员的操纵，以提供恰当的转向助力；座椅和镜子调节电机需要能准确到达设定的位置，以确保乘客的舒适和视线的畅通。

高度的精度和可靠性不仅增加了乘客的舒适度，也关系着乘客和驾驶员的安全。比如，在紧急情况下，方向盘助力电机的快速和准确响应可能是避免事故的关键。同样，座椅和镜子位置的准确调节也有助于驾驶员保持最佳的驾驶姿态和视野，从而减少因疲劳或视线受阻导致的安全风险。

随着自动驾驶技术的不断发展和成熟，电机在这一领域也肩负着越来越重要的职责。在自动驾驶系统中，电机用于精确地控制车辆的各种动作，如加速、减速和转向等。这些操作不仅要求电机具有极高的精度，还需要具有快速的响应能力，因为在高速或复杂的路况下，即使微秒级的延迟也可能造成安全隐患或影响驾驶体验，电机的高性能确保了自动驾驶系统能在各种情况下做出即时和准确的反应，从而大大提高了路面安全和驾驶效率。因此，电机在实现自动驾驶技术的广泛应用中，起到了至关重要的作用。

从环境的角度看，电机帮助汽车行业朝着更加可持续的方向发展。电动汽车不仅可以减少碳排放，而且由于其结构相对简单，维护成本也相对较低。然而，要实现这一目标，电机本身必须满足高效、耐用和可靠的要求。

汽车用驱动电机还涉及大量的工程和制造挑战。例如，电机必须具有高度的耐热性和抗震性，以适应在高温和颠簸路面的复杂条件下工作。而且，电机还要足够小巧，以适应车辆有限的空间，这就要求电机设计必须兼顾效率和尺寸。对于商用车辆，如货车和公共交通工具，电机也具有广泛的应用前景，这些车辆通常需要长时间、高强度的工作，因此电机的耐久性和效率就显得尤为重要。

汽车用驱动电机是实现现代交通转型的关键之一，随着电池技术和可再生能源的不断发展，电动汽车可能完全替代传统燃油车，而电机作为这一转变的核心，其重要性不言而喻。汽车用驱动电机已经成为现代汽车技术不可或缺的一部分，无论是在推动车辆、提供舒适度，还是在实现环境目标方面都至关重要。随着技术的不断进步，其应用范围和重要性只会进一步增加。

5.6 电动汽车常用驱动电机——永磁同步电动机

5.6.1 永磁同步电动机的工作原理

永磁同步电动机的转子设计方式在电机性能方面起到关键作用。其中，表贴式转子结构较为简单，产生的异步转矩相对较小，因此主要适用于启动要求不特别高的应用场景，其应用范围相对较为有限。相比之下，内置式转子结构在永磁同步电动机中应用更为广泛，在这种结构中，永磁体被放置在笼型导条和转轴之间的铁心内，这样做有助于提高电机的启动性能。因此，大多数现代永磁同步电动机都倾向于采用内置式转子结构。这种内置式转子结构启动性能好，在各种应用场合中都得到了更广泛的接受和应用。

5.6.1.1 永磁同步电动机的工作原理

永磁同步电动机是一种广泛应用于工业和家庭的高效电机，它结合了传统电机和永磁技术的优点。其工作原理是基于电磁场与永磁场相互作用产生的机械转矩来驱动电机轴。在永磁同步电动机中，转子通常由永磁材料构成，而定子则包含多相绕组。当电流通过这些绕组时，它会产生一个旋转的磁场，这个旋转磁场与转子上的永磁场相互作用，产生推动电机转子旋转的转矩。与此同时，电机的转子会与旋转磁场同步旋转，从而产生平稳的输出功率。这种同步运行是电机名称中"同步"的由来。

值得注意的是，永磁同步电动机具有高效率和高转矩密度的特点，这主要归功于永磁材料自身的高磁性且无须额外电流来激励转子。这一点与传统感应电机有明显区别，传统感应电机的转子由电流产生磁场，效率相对较低。因此，永磁同步电动机在需要高效和高性能的应用场合具有明显优势。然而，永磁同步电动机的控制相对复杂，由于转子是由永磁材料制成的，这就要求电机的控制系统能够精确地控制电流和磁场，以便确保电机能在各种工况下高效运行。通常，这需要使用先进的电子控制单元和传感器，如霍尔元件或光电传感器，来实时监测电机的状态并调整控制参数。

永磁同步电动机也有其应用局限性，虽然它在效率和性能方面具有优势，但高成本和控制复杂性可能限制其在某些应用中的普及。例如，在对成本敏感或者对控制要求不高的场合，人们可能更倾向于使用传统的感应电机。

永磁同步电动机凭借其高效、高性能的特点，在各种需求严格的应用场合，如电动汽车、工业自动化和可再生能源系统中，有着广泛的应用前景。然而，这也要求工程师和研究人员不断地优化电机设计和控制策略，以克服其存在的局限性，并进一步提高其性能和应用范围。

5.6.1.2 永磁同步电动机的驱动电路

永磁同步电动机的驱动电路如图 5-7 所示。永磁同步电动机的工作依赖定子和转子之间的磁场相互作用，定子绕组和转子永久磁铁分别产生旋转磁场和静态磁场，这两个磁场互相吸引，使转子随着定子的旋转磁场旋转，产生转矩。电机的控制系统包括逆变器、驱动电路、控制电路和位置传感器。位置传感器测量转子的位置并将这个信息输入控制电路，进而经过计算得出电机的转速和转子位置。这些信息用于驱动电路，激活逆变器的功率开关，逆变器则输出三相交流电到电机定子，形成旋转磁场，进而驱动电机。

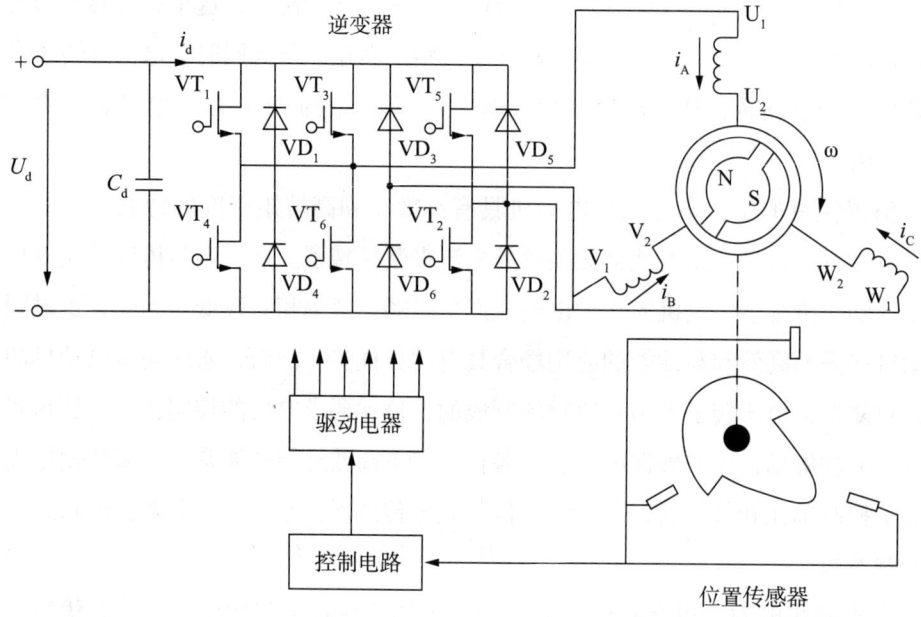

图 5-7 永磁同步电动机的驱动电路

5.6.1.3 永磁同步电动机的工作分析

永磁同步电动机工作原理如图 5-8 所示，n 为电机转速，n_0 为同步转速，T 为转矩，θ 为功率角。电机的转子是一个永磁体，N、S 极沿圆周方向交替排列，定子可以看作一个以速度 n_0 旋转的磁场。电机运行时，定子存在旋转磁动势，转子像磁针一样在旋转磁场中旋转。

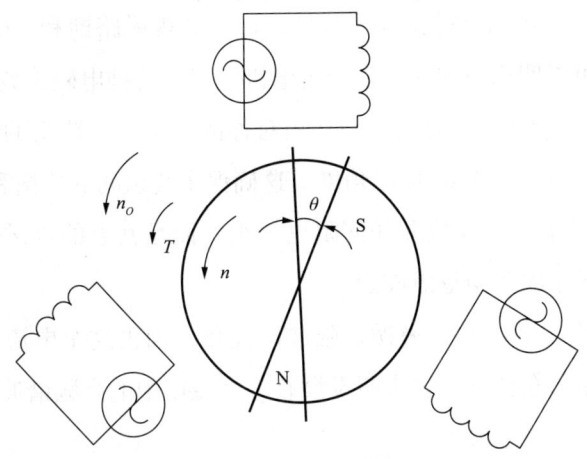

图 5-8 永磁同步电动机工作原理图

永磁同步电动机转速可表示为

$$n = n_0 = \frac{60 f_s}{p_n} \tag{5-10}$$

式中，f_s 为电源频率；p_n 为电机极对数。

永磁同步电动机的定子由三相对称绕组构成，当接入三相正弦波电压，电机的气隙中会生成旋转磁场。这个旋转磁场与转子上预先充磁的永磁磁场互相作用，推动转子与定子的旋转磁场同步运动。在负载作用下，转子磁场会落后于定子磁场一个称为功率角的角度，随着负载增大，这个角度也会增大，直到达到一个极限值，超过这个值，电机将停止运转。因为转子与旋转磁场的旋转是同步的，转速与电源频率成严格比例，所以静态误差为零。当负载变化时，只有功率角会发生变化，而转速不会改变，使得电机实时响应。

5.6.2 永磁同步电动机的数学模型

永磁同步电动机的定子具有 U、V、W 三相对称绕组，而转子则装有永久磁铁，并在某些情况下还有阻尼绕组。定子与转子之间是通过气隙磁场进行电磁耦合的，由于两者存在相对运动，因此它们之间的电磁关系随时间而变化，电磁耦合也变得非常复杂。这种复杂性给永磁同步电动机的建模和分析带来了不少挑战。因此，在进行永磁同步电动机分析并建立其数学模型时，通常需要做一些假设以简化问题。

为了简化分析，电机磁路被视为线性，同时忽视磁路饱和、磁滞和涡流效应。在这种假设下，可以使用叠加原理来分析电机回路的各种电磁参数。

电机的三个定子绕组在空间上是互相对称的，每一个绕组的轴线与其他绕组的轴线在空间中相隔一个 120° 的电角度。这确保了绕组间的均衡和对称性。

在电机的转子上，没有装配任何阻尼绕组，而且其上的永磁体也不具备阻尼功能，这意味着转子缺乏阻尼效应。

电机的定子产生的电动势遵循正弦波形变化，而由这个电流在气隙内产生的磁动势也只有正弦分布特性。这个假设没有考虑磁场中的高频谐波磁动势，也就是说，只考虑了基础的正弦波形。

基于上述条件进行的永磁同步电动机的理论分析得出的结果与实际操作情况高度一致，误差在工程上是可接受的。因此，在进行研究时，采用这些假设对永磁同步电动机进行建模和分析是合适的。

5.6.2.1 A、B、C 三相坐标系中永磁同步电动机数学模型

在 A、B、C 坐标系中，将定子三相绕组中的 U 相绕组轴线作为空间坐标系的参考轴线 A。A、B、C 为电机三相定子绕组轴线，θ 为转子 d 轴轴线与 U 相绕组轴线间的夹角，ψ_f 为转子产生的链过定子的磁链，i_s 为电机定子三相电流的合成矢量，如图 5-9 所示。

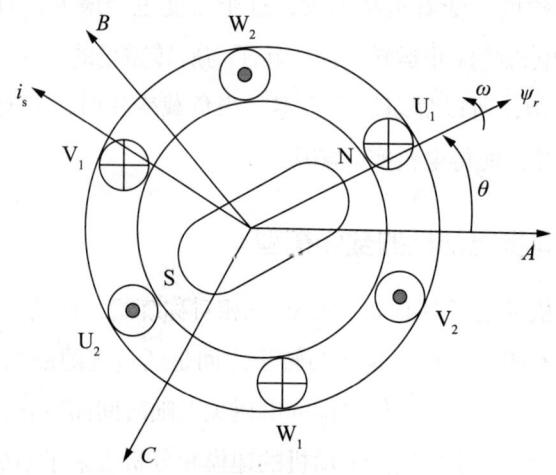

图 5-9 永磁同步电动机数学模型

在确定好磁链和电流正方向后，可以得到永磁同步电动机在 A、B、C 坐标系下的定子电压方程：

$$u_s = Ri_s + L\frac{di_s}{dt} + \frac{d\psi_s}{dt} = Ri_s + \frac{d\psi}{dt} \tag{5-11}$$

在 A、B、C 三相坐标系下的磁链方程为

$$\begin{cases} \psi_A = L_A i_A + M_{AB} i_B + M_{AC} i_C + \psi_f \cos\theta \\ \psi_B = M_{CA} i_A + M_{CB} i_B + L_C i_C + \psi_f \cos\left(\theta + \dfrac{2\pi}{3}\right) \\ \psi_C = M_{BA} i_A + L_B i_B + M_{BC} i_C + \psi_f \cos\left(\theta - \dfrac{2\pi}{3}\right) \end{cases} \tag{5-12}$$

其向量形式为

$$\psi = Li_s + \psi_s \tag{5-13}$$

式（5-11）与式（5-12）中，

$$u_s = \begin{bmatrix} u_A & u_B & u_C \end{bmatrix}^T \tag{5-14}$$

$$i_s = \begin{bmatrix} i_A & i_B & i_C \end{bmatrix}^T \tag{5-15}$$

$$\psi = \begin{bmatrix} \psi_A & \psi_B & \psi_C \end{bmatrix}^T \tag{5-16}$$

$$R = \begin{pmatrix} R_s & 0 & 0 \\ 0 & R_s & 0 \\ 0 & 0 & R_s \end{pmatrix} \tag{5-17}$$

$$L = \begin{pmatrix} L_A & M_{AB} & M_{AC} \\ M_{BA} & L_B & M_{BC} \\ M_{CA} & M_{CB} & L_C \end{pmatrix} \tag{5-18}$$

$$\psi_s = \psi_f \begin{pmatrix} \sin(\omega t + \theta) \\ \sin(\omega t + \theta + 2\pi/3) \\ \sin(\omega t + \theta + 4\pi/3) \end{pmatrix} \quad (5\text{-}19)$$

式中，i_A、i_B、i_C 为 A、B、C 坐标系中三相定子绕组电流，u_A、u_B、u_C 为三相定子绕组电压，R_s 为电机定子绕组电阻，L_A、L_B、L_C 为电机定子绕组自感应系数，$M_{XY} = M_{YX}$ 为定子绕组互感应系数，ψ_f 为转子永磁体磁极的励磁磁链，θ 为转子 d 轴轴线与超前定子 U 相绕组轴线 A 之间的电角度。

除了电压和磁链方程外，永磁同步电动机在 A、B、C 坐标系下的数学模型还涵盖了运动和转矩方程。在这个坐标系下，电压和磁链方程相对复杂，并且磁链数值会随着定、转子之间的相对位置而发生变化。电机的运动方程描述了电机电磁转矩与其运动状态之间的关系，尽管其表达相对简洁，转矩方程却涉及电流向量和磁链矩阵，使其表述变得更为复杂。

从永磁同步电动机在 A、B、C 三相坐标系的电压方程式（5-11）和磁链方程式（5-12）可以看出，在 A、B、C 坐标系下，由于永磁同步电动机的定子和转子在磁性和电性结构上存在不对称性，因此其数学模型形成了一组与转子即时位置相关的非线性时变方程。这使得用这一坐标系的数学模型来分析和控制永磁同步电动机非常复杂，因此需要找到更简洁的数学模型来进行电机的分析和控制。

5.6.2.2　α、β、O 坐标系中永磁同步电动机数学模型

由于电机在静止的 α、β、O 坐标系上的各个变量可以直接测量，因此在研究电机特性和电机控制时也可采用 α、β、O 坐标系上的数学模型。

在 A、B、C 三相坐标系中，将永磁同步电流参量进行坐标变换，可以把三相坐标下的电机电压、磁链方程在 α、β、O 坐标系上表示出来。把 α、β、O 坐标放在定子上，α 轴与 A 相轴线重合，β 轴超前 α 轴 90°，如图 5-10 所示。

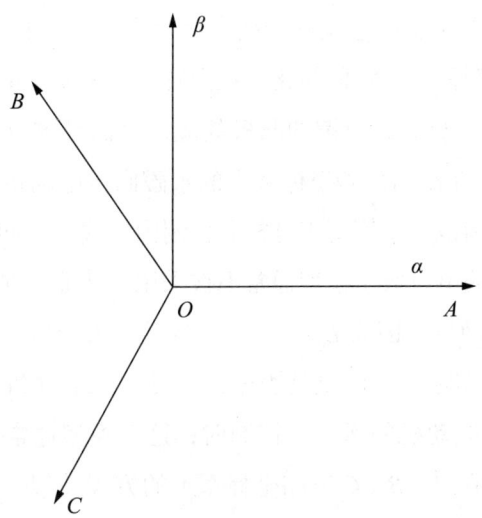

图 5-10 α、β、O 坐标系与 A、B、C 三相坐标系

α、β、O 坐标轴中的电压、电流可以直接由 A、B、C 三相坐标系中的电压、电流通过简单的线性变换得到。一个旋转矢量从三相 A、B、C 定子坐标系变换到 α、β、O 坐标系的过程被称为 3/2 变换，即

$$\begin{bmatrix} i_\alpha \\ i_\beta \end{bmatrix} = \frac{2}{3} \begin{bmatrix} 1 & -\frac{1}{2} & -\frac{1}{2} \\ 0 & \frac{\sqrt{3}}{2} & -\frac{\sqrt{3}}{2} \end{bmatrix} \begin{bmatrix} i_A \\ i_B \\ i_C \end{bmatrix} \tag{5-20}$$

经过变换得到 α、β、O 坐标系的电压方程为

$$\begin{cases} u_\alpha = \dfrac{\mathrm{d}\psi_\alpha}{\mathrm{d}t} + Ri_\beta \\ u_\beta = \dfrac{\mathrm{d}\psi_\beta}{\mathrm{d}t} + Ri_\beta \end{cases} \tag{5-21}$$

α、β、O 坐标系的磁链方程为

$$\begin{cases} \psi_\alpha = i_\alpha \left(L_\mathrm{d} \cos^2 \theta + L_\mathrm{q} \sin^2 \theta \right) + i_\beta \left(L_\mathrm{d} - L_\mathrm{q} \right) \sin \theta \cos \theta + \psi_\alpha \cos \theta \\ \psi_\beta = i_\alpha \left(L_\mathrm{d} - L_\mathrm{q} \right) \sin \theta \cos \theta + i_\beta \left(L_\mathrm{d} \cos^2 \theta + L_\mathrm{q} \sin^2 \theta \right) + \psi_\alpha \cos \theta \end{cases} \tag{5-22}$$

式中，L_d、L_q 分别是同步电机直轴、交轴电感；$\psi_\alpha = \sqrt{3/2}\psi_\mathrm{f}$ 为永磁磁极产生的与定子绕组交链的磁链。

在 α、β、O 坐标系中，经过坐标变换［变化为式（5-14）］，A、B、C 三相坐标系中的电机数学模型得到一定的简化。在内置式永磁同步电动机中，转子在直轴和交轴上的不对称性，会导致所谓的凸极效应，进而导致直轴和交轴的电感值不同，即 $L_d \neq L_q$。因此，在 α、β、O 坐标系中的永磁同步电动机磁链、电压方程是一组非线性方程组，使用该数学模型来分析和控制内置式永磁同步电动机是相当复杂的，因此该坐标系下的电机数学模型通常不被采用。然而，对于具有对称转子结构的表面式永磁同步电动机，因为 $L_d = L_q$，电机的数学模型较为简洁，适用于进行电机的分析和控制。但实际上，即便是表面式永磁同步电动机，也不能保证 $L_d = L_q$，因此在分析永磁同步电动机的运行和控制时，这个模型通常不被使用。该模型下的运动和转矩方程与在 A、B、C 三相坐标系下的方程类似。运动方程只涉及电机的运动状态，而不包含电磁参数，因此其描述相对简单；相反，转矩方程则更为复杂。

5.6.2.3 d、q、O 同步旋转坐标系中永磁同步电动机数学模型

d、q、O 坐标系随电机的气隙磁场进行同步旋转，相当于一个设置在电机转子上的旋转参考框架。在这个坐标系中，d 轴代表永磁同步电动机转子的励磁磁链方向，而 q 轴则在 d 轴方向上领先 $90°$，如图 5-11 所示。在 d、q、O 坐标系中，永磁同步电动机的等效模型如图 5-12 所示。

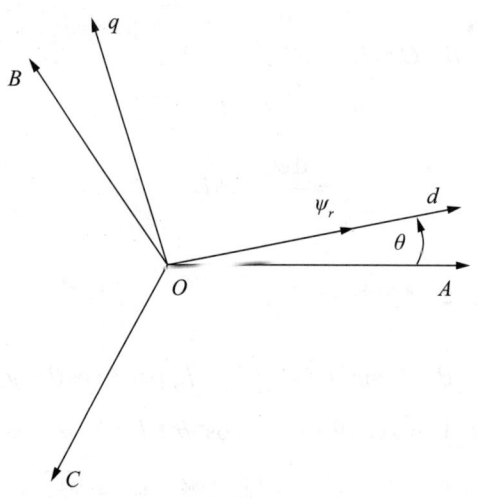

图 5-11　d、q、O 坐标系

在图 5-12 中，β 是电机定子三相电流的空间矢量与永磁体励磁磁场（直轴）之间的角度，也叫转矩角。θ 是 d 轴与电机 U 相绕组轴线 A 之间的角度。

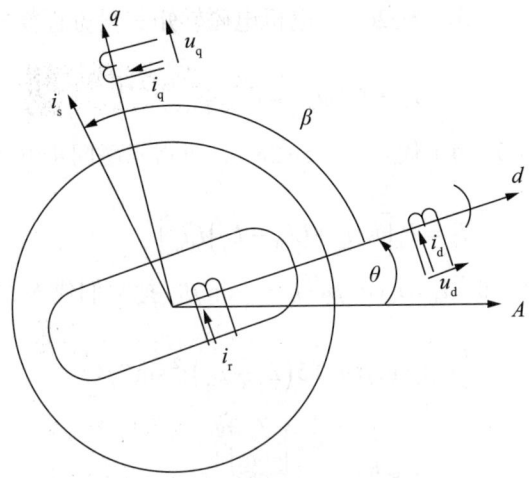

图 5-12 d、q、O 同步旋转坐标系中的电机模型

从 A、B、C 坐标系的三相电流到 d、q、O 同步旋转坐标系的 d、q 轴电流的转换被称为等功率变换：

$$\begin{pmatrix} i_d \\ i_q \end{pmatrix} = \sqrt{\frac{2}{3}} \begin{pmatrix} \cos\theta & \cos(\theta - 2\pi/3) & \cos(\theta + 2\pi/3) \\ -\sin\theta & -\sin(\theta - 2\pi/3) & -\sin(\theta - 2\pi/3) \end{pmatrix} \begin{pmatrix} i_A \\ i_B \\ i_C \end{pmatrix} \quad (5-23)$$

永磁同步电动机在 d、q、O 同步旋转坐标系的磁链、电压方程分别为

$$\begin{cases} \psi_d = L_d i_d + \psi_f \\ \psi_q = L_q i_q \end{cases} \quad (5-24)$$

$$\begin{cases} u_d = \dfrac{\mathrm{d}\psi_d}{\mathrm{d}t} - \omega\psi_d + R_s i_d \\ u_q = \dfrac{\mathrm{d}\psi_q}{\mathrm{d}t} + \omega\psi_d + R_s i_q \end{cases} \quad (5-25)$$

电磁转矩矢量方程为

$$T_e = P_n \psi_s \times i_s \quad (5-26)$$

用 d、q 轴系分量来表示式（5-24）中的磁链和电流综合矢量，有

$$\begin{cases} \psi_s = \psi_d + j\psi_q \\ i_s = i_d + ji_q \end{cases} \quad (5\text{-}27)$$

将式（5-27）代入式（5-26），电机电磁转矩矢量方程变换为

$$T_e = P_n(\psi_d i_q - \psi_q i_d) \quad (5\text{-}28)$$

把磁链方程式（5-24）代入式（5-28），可得永磁同步电动机电磁转矩：

$$T_e = P_n\left[\psi_f i_q + (L_d - L_q)i_d i_q\right] \quad (5\text{-}29)$$

根据图 5-13，可以知道 $i_d = i_s \cos\beta$，$i_s = i_s \sin\beta$，把它们代入式（5-29）中，得

$$T_e = P_n\left[\psi_f i_s \sin\beta + 0.5(L_d - L_q)i_s^2 \sin 2\beta\right] \quad (5\text{-}30)$$

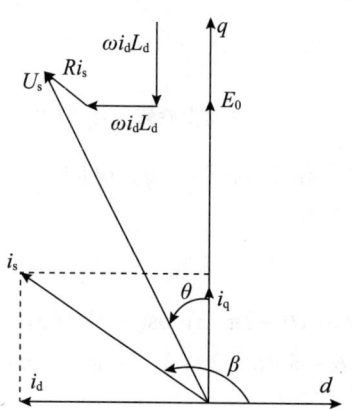

图 5-13 永磁同步电动机矢量图

在式（5-23）至式（5-30）中，i_A、i_B、i_C 为 A、B、C 坐标系中三相定子绕组电流；L_d、L_q 为电机直轴、交轴同步电感；ψ_f 为转子永磁体磁极的励磁磁链；R_s 为电机定子电阻；P_n 为电机定子绕组极对数；ψ_s、i_s 为电机励磁、定子电流的综合矢量；i_d、i_q 为在 d、q、O 同步旋转坐标系中的直轴与交轴电流；j 为处理和表达物理量的相位差。

5.6.3 永磁同步电动机的控制

为了让永磁同步电动机控制系统达到与直流电机相似的高性能，包括快速响应、精确转速和广泛调速范围，多种新型控制策略已经被提出。

5.6.3.1 恒压频比开环控制

在恒压频比开环控制中，永磁同步电动机的运行是由其外部参数，即电压和频率，控制的。控制系统接收预定的电压和频率输入，并通过控制器来执行这一控制策略。逆变器随后产生一个交流正弦电压，该电压被施加到电机的定子绕组上，使电机按照设定的电压和频率运行。这种控制策略使得供电电压的基波幅值与速度指令成线性关系，这有助于维持电机定子内磁通量的近似恒定状态。

恒压频比开环控制具有设计简单和容易实施的优点，一般情况下，通过电源、频率来控制转速，避免了异步电机的转差问题。但是系统不能引入速度、位置等信号，因此无法实时监测电机状态，导致电磁转矩的控制不精确。这在突然增加负载或改变速度指令时可能无法精确控制电磁转矩，容易发生失步现象。因此，这种控制方式通常只适用于对调速性能要求不高的场合。

5.6.3.2 矢量控制

矢量控制（也称作磁场定向控制或 FOC，field oriented control）是永磁同步电动机控制中非常重要的一个方法，其主要目标是实现对电机电磁转矩和磁通密度的独立精确控制，以获得更高的效率、动态性能和调速精度。

在传统的开环控制方法中，电机的电磁转矩和磁通是通过改变电压和频率来调整的，这种方法控制起来较为简单，但其精度和动态性能往往难以达到要求。与之不同，矢量控制通过将电机的三相电流转换到一个与电机转子旋转同步的 d-q 坐标系，使得在这个坐标系下，电磁转矩和磁通可以分别由 d 轴和 q 轴电流来控制，从而实现了它们的独立控制。

矢量控制通常需要借助快速的数字信号处理器（digital signal processor, DSP）或微控制单元（micro controller unit, MCU）以及高精度电流传感器和高精度速度传感器，以实现对电机状态的实时监测和控制策略的快速调整。这样，即使在负载突然改变或速度突然变化的情况下，电机也能迅速、准确地达到新的稳态，显示出优越的动态响应性能。

除了提供更好的性能外，矢量控制还能更有效地利用电机的额定能力，延长电机寿命，并有助于降低能耗。因此，这种控制方法广泛应用于需要高精度和高性能的工业应用中,例如机器人、电动汽车、风力发电以及各种高精度的定位系统。矢量控制为永磁同步电动机提供了一种高度精确和高效的控制手段,但它也需要更复杂的硬件和软件支持,以及更高的技术要求。尽管如此,随着控制技术和硬件设备的不断进步,矢量控制已经逐渐成为高性能电机控制的标准。

5.6.3.3 直接转矩控制

如图 5-14 所示为永磁同步电动机直接转矩控制系统原理图,该系统包括永磁同步电动机(PMSM)、逆变器、磁链和转矩的计算模块、扇区判断模块、速度传感器、开关状态选择模块与调节器模块。ω 表示电机的角速度,即电机轴的转速,以弧度每秒(rad/s)为单位;t 代表时间,用于表示控制算法中时间的进程或某一时刻;S 在电机控制系统中代表开关状态;U 代表电压的大小,是逆变器输出的电压;i 表示电流,u 表示电压,是电机控制中的关键参数。

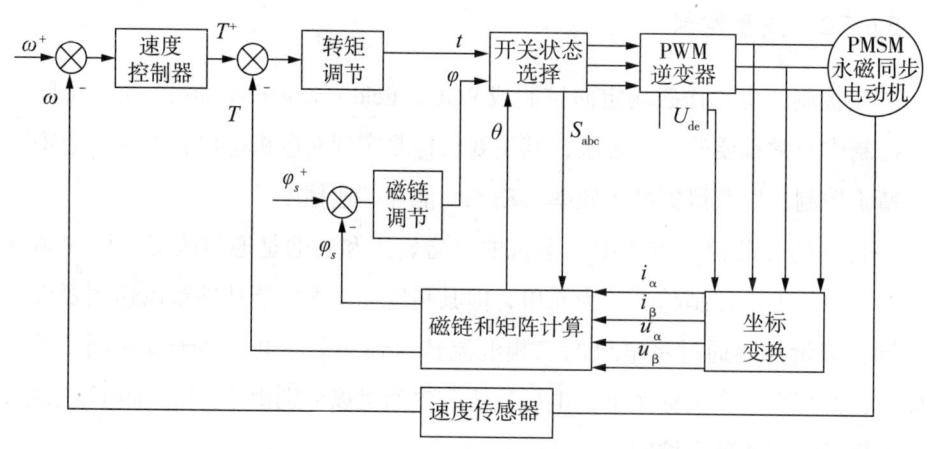

图 5-14 永磁同步电动机直接转矩控制系统原理图

在直接转矩控制中,首先通过测量逆变器的二相电流和直流电压来计算电机的定子磁链。然后,利用该磁链和实际电流数据计算电机的即时转矩。根据 α、β 轴的定子磁链识别所在的扇区。速度控制器会依据预设和实际转速的差值来设定转矩参考值,与实际转矩进行比对,生成转矩控制信号。转速可通过光电编码器或磁链速度进行估算,从而无须使用速度传感器。与此同时,磁链的参考值和实际值之间的偏差会生成磁链的控制信号。二个主要的控制信号 T、φ、θ(转矩、磁链和角度）通过开关状态选择模块来决定电压矢量和开关状态，从而控制逆变器以驱动永磁同步电动机。

5.7 电动汽车常用驱动电机——交流异步电动机

5.7.1 交流异步电动机的工作原理

在交流异步电动机运行过程中，定子和转子共同创建了气隙内的基波磁场。这个磁场与转子绕组中感应出的电流相互作用，进而产生电磁力。这种电磁力最终导致电磁转矩的形成。

5.7.1.1 气隙旋转磁场和感应电动势

电磁转矩克服了外部负载所施加的转矩，从而有效地将电能转换为机械能。要让异步电机能够稳定并高效地运作，两个关键条件必须被满足。

第一，电机的定子和转子的基波磁动势需要能够相互结合，在气隙中形成一个持续旋转的磁场。这个合成的旋转磁场是电机正常工作的一个基础条件。

第二，为了确保电机正常工作，转子的转速必须始终低于气隙内旋转磁场的转速。两者之间需要保持一定的速度差异，这样才能确保转子和旋转磁场存在相对运动，从而使电机能有效地产生电磁转矩。

气隙基波旋转磁场也就是主磁场，其旋转速度与电源频率的关系为

$$n_s = \frac{60f}{p} \tag{5-31}$$

式中，n_s 为同步转速；f 为定子绕组的供电频率；p 为电机的磁极对数。

在平衡三相交流电源下运行的异步电机中，定子创建了一个旋转的气隙磁场。这一磁场由主磁场和漏磁场两个部分组成，主磁场穿过气隙并影响转子，而漏磁场仅在定子绕组中形成一个闭环。这个旋转磁场在切割定子和转子绕组时，触发了对应的感应电动势。定子电流，也称为励磁电流，是生成这一磁场的驱动力，因此定子的磁动势也被称为励磁磁动势。在三相交流电完全对称的条件下，以 U 相为例，

电流和对应的磁动势在达到最大值时是一致的。如果转子是静止的，这样的异步电机其实就是一个带有气隙的二次侧开路的三相变压器，其中定子作为一次绕组，转子作为二次绕组。三相交流电与旋转磁场的对应关系如图 5-15 所示。

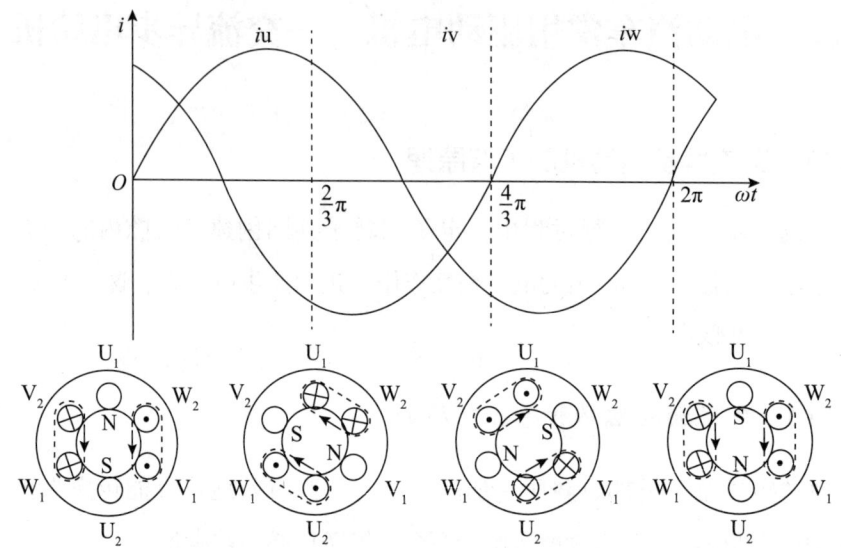

图 5-15　三相交流电与旋转磁场的对应关系

5.7.1.2　工作原理

交流异步电动机是一种广泛应用的电机，其工作原理基于电磁感应和旋转磁场的概念，当交流异步电动机的定子接入三相交流电源时，定子绕组中流动的三相交流电产生一个时变磁场。这个磁场在空间上和时间上都是旋转的，也就是说，它产生了一个旋转的气隙磁场。

根据法拉第电磁感应定律，这个旋转磁场切割转子绕组，在转子绕组中诱发出电动势和电流。这个电流与旋转磁场相互作用，生成电磁转矩，推动转子旋转。值得注意的是，转子的转速通常会低于气隙旋转磁场的转速，这样才能保证有足够的相对速度来维持电磁感应和产生转矩。转子在运动的过程中，会与负载相互作用，电磁转矩需要克服负载转矩以维持电机的运转。这种机制实现了从电能到机械能的转换，而转速和负载之间的平衡关系由电机的电磁特性和控制系统共同决定。

交流异步电动机的显著特点是简单、耐用和成本效益高。但由于其运行性能受到电源频率和电压的影响,因此在需要高精度控制的应用中,通常需要配合复杂的控制系统。总体来说,交流异步电动机是一种高效、可靠的电机类型,广泛应用在各种工业和家庭场合。

5.7.1.3 交流异步电动机铭牌数据

就像直流电机一样,交流异步电动机的铭牌上也明确标出了表示电机正常运行状况的各类额定参数。

额定电压 U_N(V):指在电机额定运行条件下,施加到定子绕组上的线间电压。

额定电流 I_N(A):表示当在定子绕组上施加额定电压并且轴上输出额定功率时,流经定子绕组的线电流。

额定功率(额定容量)P_N(kW):指电机在额定工作条件下能够输出的最大功率。

额定转速 n_N(r/min):指电机在其额定电压、额定电流和额定功率下能够达到的转速。

额定效率 η_N:指输出机械功率与输入电功率之比,即

$$\eta_N = \frac{\text{输出功率} P_2}{\text{输入电功率} P_1} \times 100\% = \frac{P_2}{\sqrt{3}UI\cos\varphi} \tag{5-32}$$

电机空载时效率甚低,满载时或接近满载时效率最高,一般为 75% ~ 92%。

额定频率 f_N:我国规定工业用电的频率是 50 Hz。

额定功率因数 $\cos\varphi$:指电机在额定负载时,定子侧的功率因数。

5.7.2 交流异步电动机的控制

交流异步电动机在直轴和交轴之间有耦合,这导致其动态模型呈非线性,从而使其控制难度超过了直流电机。交流异步电动机的控制系统主要负责提供可调的电压和频率源,通过遵循特定的控制策略来调整电压和频率,从而实现优良的转矩和转速性能。

交流异步电动机转速控制的基本方程为

$$n = n_s(1-s) = \frac{60f}{p}(1-s) \qquad (5\text{--}33)$$

式中，n 为电机转子的转速；n_s 为同步旋转磁场的转速；s 为转差率；p 为磁极对数；f 为电源频率。

5.7.2.1 交流异步电动机的启动

当交流异步电动机开始工作，它从停止状态加速至稳定转速，这个过程叫作启动。在启动的初始时刻，由于电机速度为零，转子和旋转磁场的相对速度最高。这导致转子和定子都产生极大的电流，通常是额定电流的 4～7 倍。虽然这样的高电流不会对电机造成长期损害（前提是启动不频繁），但它会在供电系统中引起显著的电压降低，从而可能干扰同一电网中其他电器设备的正常运行。

在交流异步电动机开始运行时，尽管其启动电流很大，但 $s=1$，转子的感抗也很高。这导致转子的功率因数较低，因此启动转矩并不强，难以启动带有重负荷的设备。这意味着交流异步电动机在启动阶段面临着高启动电流和低启动转矩的问题。为了优化这一情况，通常会采用多种不同的启动策略来改善电机的启动性能。

第一，采取直接启动策略。

直接将电机通过开关或接触器连接到电源的启动方式叫作直接启动。这种方法操作简单，容易执行，但是否可以使用直接启动取决于电机的功率容量与供电电源容量的比例。

如果交流异步电动机的电源由专用变压器提供，那么对于不常启动的电机，其功率不应超过电源总容量的 30%。而对于经常启动的电机，其功率应限制在电源总容量的 20% 以内。

在没有专用变压器供电的情况下，交流异步电动机在直接启动过程中产生的电压降幅度不应超过其额定电压的 5%。这是为了确保电网稳定和其他电器设备的正常运行。

第二，采取减压启动策略。

交流异步电动机的减压启动是一种常用的启动方法，旨在降低电机启动时的电流和电压冲击。在这种方法中，通常通过变压器或者电阻、电抗等元件暂时降低电源电压，以减少启动电流和启动转矩。当电机接近其运行速度后，再逐渐恢复到正常的供电电压，使电机进入稳定工作状态。

启动电流降低，电网的压力减小，有助于维护电网稳定和保护其他电气设备的正常运行。另外，减压启动也有助于保护电机自身，减少电机的磨损，提高其寿命。然而，这种方法也有缺点，如增加了额外的复杂性和成本，以及可能的启动转矩不足，可能不适用于需要快速或大力量启动的应用。

5.7.2.2 交流异步电动机的调速

由式（5-33）可知，改变 s、p 和 f 可以调节电机转速，因此可以将交流异步电动机的调速方式分为三种：变转差率调速、变极调速和变频调速。

变转差率调速。该种调速方式是在绕线转子异步电机的转子绕组中串联接入电阻，通过改变转差率来实现调速。变转差率调速的机械特性如图 5-16 所示。

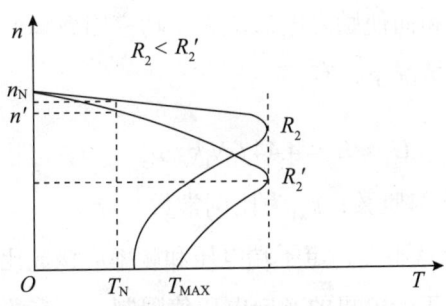

图 5-16 变转差率调速的机械特性

这种调速方法的特点是旋转磁场转速不变，但改变了机械特性运行段斜率，转子串入的电阻越大，斜率越大（机械特性越软），随着负载转矩的增加，转速下降就越快，但最大转矩不变。这种调速方法所用设备简单，可实现连续调速，但在调速电阻上增加了能量损耗。

变极调速。交流异步电动机的变极调速是一种相对少用但有效的调速方法，主要适用于极数可改变的特殊电机设计。在这种电机中，通过改变电机定子绕组的连接方式，可以改变电机的极数，从而改变其同步速度。因为交流异步电动机的运行速度与同步速度和滑差有关，改变极数实际上改变了电机的同步速度，进而实现了调速。

变极调速的一个主要优点是它能在不改变电源频率或电压的条件下，实现电机速度的粗调。这样可以避免使用变频器或其他复杂的电子设备。然而，这种方法也有一些局限性。它只适用于设计有多套绕组或可重新配置绕组的电机。这种调速方法通常只能在预设的几个速度等级之间切换，不能实现连续或精细的调速。

变极调速可能会影响电机的效率和性能，特别是在低速运行时。因此，在选择这种调速方法时，需要仔细考虑其适用性和影响。虽然变极调速在某些特定应用中可能是一种合适的解决方案，但由于其局限性，它并不适用于所有类型的交流异步电动机。

变频调速。变频调速通过改变电机的电源频率进行调速。根据交流异步电动机的转速公式，即式（5-33），在电机极对数一定的情况下，当转差率 s 变化不大时，n 近似正比于频率 f，即改变电源频率就能改变异步电机的转速。

在变频调速中，总希望主磁通 Φ_m 保持不变。若 $\Phi_m > \Phi_{mN}$（Φ_{mN} 为正常运行时的主磁通），则磁路过饱和而使励磁电流增大，功率因数降低，电机转矩将会下降。在忽略定子漏磁阻抗的情况下，有

$$U_1 \approx E_1 = 4.44 f_1 N_1 k_{w1} \Phi_m \quad (5-34)$$

式中，N_1 为每相定子绕组匝数；k_{w1} 为比例常数。

为了使变频时 Φ_m 维持不变，定子端电压和频率应该成比例变化，即 U_1/f_1 为常值。在实际应用中，由于受电机的额定电压值限制，在有的情况下不能保持 U_1/f_1 为恒定，这样就出现了不同的变频调速控制方式。

第一种为恒转矩变频调速。这种方式通过降低频率 f_1（同时减小电压 U_1）来降低电机的转速。频率下降，电机的转速也会随之下降。在这种变频调速过程中，由于 $U_1 = 4.44 f_1 N_1 k_{w1} \Phi_m$，$T = C_T \Phi_m I_2 \cos\varphi_2$，在恒转矩变频调速中，如果负载转矩和磁通保持不变，那么转子电流也将保持稳定，使得电机的输出转矩不会改变。这种调速方式的机械特性相对较"硬"[图5-17(a)]，也就是说，转速的下降相对较小，调速范围较广，但在低速时性能不佳。如果电源频率能够连续调节，这种方法能实现无级变频调速。

第二种为恒功率变频调速。该种方式是将频率 f_1 从额定值向上调。由于一般不允许将电机的电源电压升高超过其额定值，因此在电源电压 U_1 不变的情况下，提高电源频率会使磁通 Φ_m 减小，输出转矩随之减小。对于恒功率负载，若电机转

速升高，其输出转矩会减小，从而异步电机的电磁功率基本保持不变。这种恒功率变频调速方式的机械特性如图5-17（b）所示，它的机械特性较"软"，即转速下降较大，这种调速方式也称为恒压弱磁变频调速。

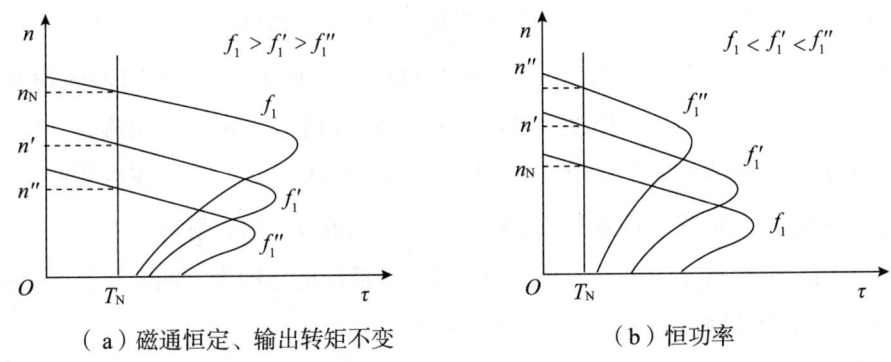

（a）磁通恒定、输出转矩不变　　　　（b）恒功率

图5-17　变频调速的机械特性

在实际操作中，根据负载类型的不同，可选择相应的调速方法。对于恒转矩负载，通常使用恒转矩变频调速方式；而对于恒功率负载，则常采用恒功率变频调速方式。这样的选择是为了更有效地适应不同负载的需求，并优化电机性能。

第三种为变频器调速。若实现变频调速就要有变频电源，变频电源是由变频器提供的。变频器主要由主电路和控制电路组成，其基本结构如图5-18所示。

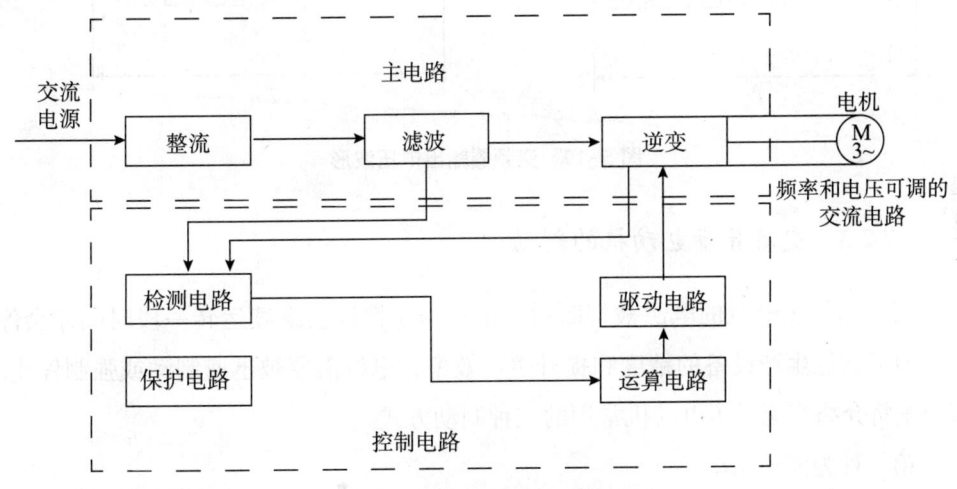

图5-18　变频器的基本结构

主电路由整流器、滤波器和逆变器三个部分组成。它的工作过程是这样的：首先整流器将工频交流电压转化为直流电压，然后通过滤波器进行滤波，最后逆变

器把直流电压转换为可调频率的交流电压。

控制电路的功能是向主电路发送控制信号，它包括进行电压和频率计算的运算电路，用于监测主电路中电流和电压的检测电路，将运算电路生成的控制信号放大的驱动电路，以及用于保护主电路和控制电路的保护电路。

在现代变频器应用中，正弦脉宽调制（sinusoidal pulse width modulation, SPWM）是一种普遍使用的技术，它把直流电转换为具有可调电压和频率的交流电。这一过程通过调整输出脉冲宽度来实现，使得输出电压的平均值接近一个正弦波形。简言之，脉冲的占空比是按正弦波形来设定的。在正弦值较高时，脉冲宽度增大；在正弦值较低时，脉冲宽度缩小。若脉冲间隔较短，输出电压增大；间隔较长，则输出电压降低。变频器输出电压波形如图 5-19 所示。

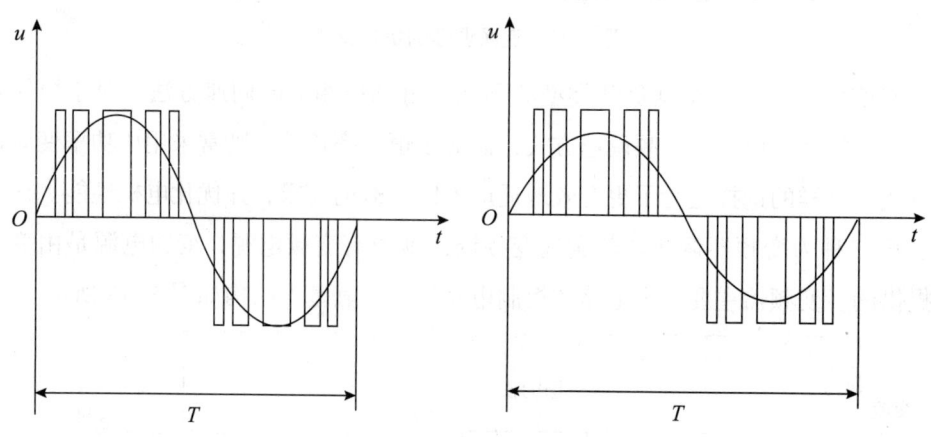

图 5-19 变频器输出电压波形

5.7.2.3 交流异步电动机的制动

当三相异步电机的电源被切断后，电机由于惯性会继续运转一段时间才会停下。为了确保生产设备的精度和提升生产效率，电机需要被迅速制动或强制停止。接下来将介绍交流异步电动机常用的三种制动方式。

第一种为能耗制动。

这个制动方式是在电机断电后，立即向定子绕组注入直流电，产生一个与转子运动方向相反的电磁转矩，以快速地让电机停止运转。如图 5-20 所示，这种利用消耗转子的动能来实现制动的方法称为能耗制动。

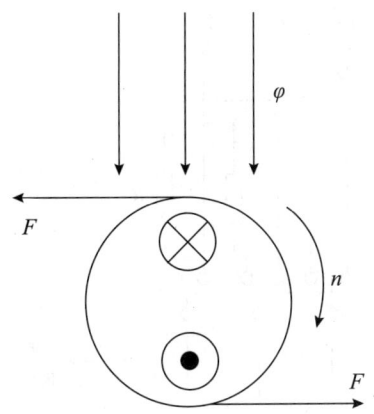

图 5-20　能耗制动原理图

图 5-21 所示为能耗制动电路，在电机正常工作时，开关 Q_1 切换到"运行"位置。当需要制动电机时，Q_1 断开，Q_2 则接通到"制动"位置。一旦电机完全停止，开关 Q_2 就会被打开以切断直流电源。这一方法在能量消耗和制动效果方面表现出色，但需要搭配直流电源使用。

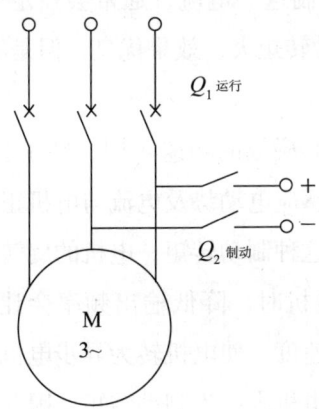

图 5-21　能耗制动电路

第二种为反接制动。

反接制动是将接到电机定子绕组三相电源的三根导线中的任意两根对调位置，如图 5-22 所示，即通过改变接入电机三相电源的相序来实现制动。当三相电源的相序改变时，电机旋转磁场立即反向旋转，产生的电磁转矩方向与原来的方向相反，即与电机由于惯性仍在转动的方向相反，起到了制动的作用。当电机转速降为零时，应及时切断电源，否则电机将反向启动。

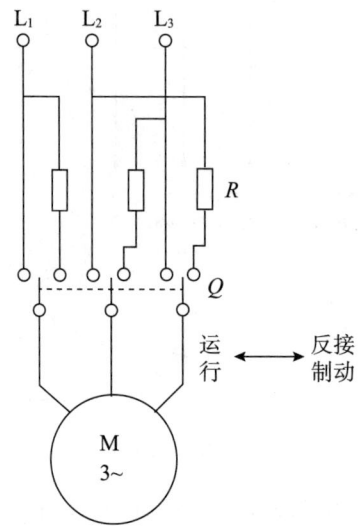

图 5-22 反接制动电路

在反接制动过程中，旋转磁场和转子的相对速度（n_s+n）很高，导致在定子和转子中产生大电流。为了控制这一电流，通常会在定子绕组中串联一个限流电阻 R。这种制动方式简便，制动转矩大，效果优良，但是能量消耗也相对较高。

第三种为发电反馈制动。

当转子的转速 n 超过旋转磁场的转速 n_s 时，转子会产生制动转矩。因为 $n > n_s$，在制动状态下，转子内部的感应电动势及电流与电机正常运行时的方向相反，从而导致制动转矩的产生。由于这种制动转矩，电机的旋转速度会逐渐降低。

在用变频器调速异步电机时，降低输出频率会让电机减速。在这一过程中，旋转磁场速度低于电机实际速度，使电机转为异步电机。这时，机械能量和负载能量会被反馈到变频器，并在电机内产生制动转矩，因此该制动方法被称为发电反馈制动。

5.7.3 交流异步电动机的特点及应用

交流异步电动机是一种广泛应用的电机类型，主要由于它具有结构简单、成本低廉、维护方便和运行可靠等多种优点。与同步电机相比，异步电机不需要额外的励磁电源或复杂的控制电路，因此在很多应用场合更为方便。

从电气特性上看，交流异步电动机的启动电流较大，但可以通过各种启动方法（如直接启动、星三角启动等）来解决。然而，由于启动电流和启动转矩的关系，异步电机在某些高负载条件下的表现可能不如同步电机。从效率和节能方面看，异步电机有时候会略逊于同步电机，但随着现代电力电子技术（如变频技术）的应用，这一点差距已经大大减小。现代的变频调速技术还使得异步电机在需要变速的应用中变得更加灵活和高效。

  交流异步电动机因其多方面的优势，在各个行业和生活场景中都有广泛的应用。在家庭中，可以在洗衣机、电扇、空调等电器中找到它的踪迹。由于结构简单和成本相对低廉，这类电机非常适合家用电器，确保了电器不仅性能稳定，而且价格亲民。在工业生产线上，交流异步电动机的稳定性和可靠性也得到了充分的利用，无论是装配线、输送带还是各种加工机械，都依赖这种电机的高效运转。在公用设施如泵站和电梯中，交流异步电动机也起到了关键作用，特别是在一些需要长时间、连续运行的应用场合，其出色的耐久性和低维护需求使其成为首选。

  风机、压缩机等设备也经常使用交流异步电动机，这类电机不仅运行稳定，而且安装和维护相对简单，因此在各种规模和复杂度的项目中都有出色的表现。交流异步电动机因其出色的稳定性、可靠性以及成本效益，在多个领域和应用场景中得以广泛应用，从而成为众多场合的首选电机类型。

  交流异步电动机也有其局限性，比如在需要高精度控制和大转矩输出的应用场合，同步电机或直流电机可能更为合适。但总体而言，由于其出色的适应性和成本效益，交流异步电动机在电机市场中占据着相当大的份额。

单元 6　电动汽车控制系统

6.1　整车控制器

新能源汽车作为环境友好型交通工具，具有多项超越内燃机车辆的优势，包括节能、环保和出色的驾驶性能。这种车辆具有由多个子系统组成的复杂结构，主要包括电池组、电动机、制动系统以及其他相关配件。为了实现整车的动力、经济、安全和舒适性目标，各个子系统通过自己的控制单元进行单独操作。除了需要一个智能的人车交互界面外，所有这些系统也需要协同工作和优化匹配，这一任务由车辆的集成控制器来完成。基于总线的分布式控制网络是实现多个子系统协同工作的优选方案。控制器局域网络（controller area network, CAN）总线因其低成本、高传输速度、高安全性、强纠错能力和良好的实时性，已经被广泛用于中低端汽车的实时分布式控制系统。由于越来越多的汽车制造商开始使用 CAN 协议，它已逐步发展成为一种行业通用标准。采用这种基于总线的网络结构可以显著减少设备之间需要的连接信号线，从而降低复杂性和成本。同时，它也提高了整个系统的监控能力。更重要的是，在保证系统可靠性的基础上，添加新的控制单元以扩展网络功能变得非常便捷。这不仅简化了系统的扩展，还赋予了系统更大的灵活性来适应不断变化的需求。

6.1.1　整车控制器控制系统结构

新能源汽车的整车控制器是一个综合性的单元，它由多个核心模块组成，其中包括微控制器（用于数据处理）、模拟量调理模块和开关量调理模块（用于信号处理）、继电器驱动模块（用于执行操作）、高速 CAN 总线接口模块（用于通信以及电源模块（用于供电）。整车控制器在新能源汽车中起到核心作用，负责管理和监视动力链各个部分，以最大化能量使用效率并确保车辆的安全与可靠运行。整车控制器负责收集司机的驾驶信号，并通过CAN总线获取电动机和电池系统的数据。经过分析和计算后，它通过CAN总线发送电动机和电池管理的指令，以实现车辆的驱动控制、能量优化和制动回馈。此外，整车控制器也有综合仪表接口（用于展示车辆状态）以及完备的故障诊断和处理能力，还具有整车网关和网络管理功能。其结构原理如图6-1所示。

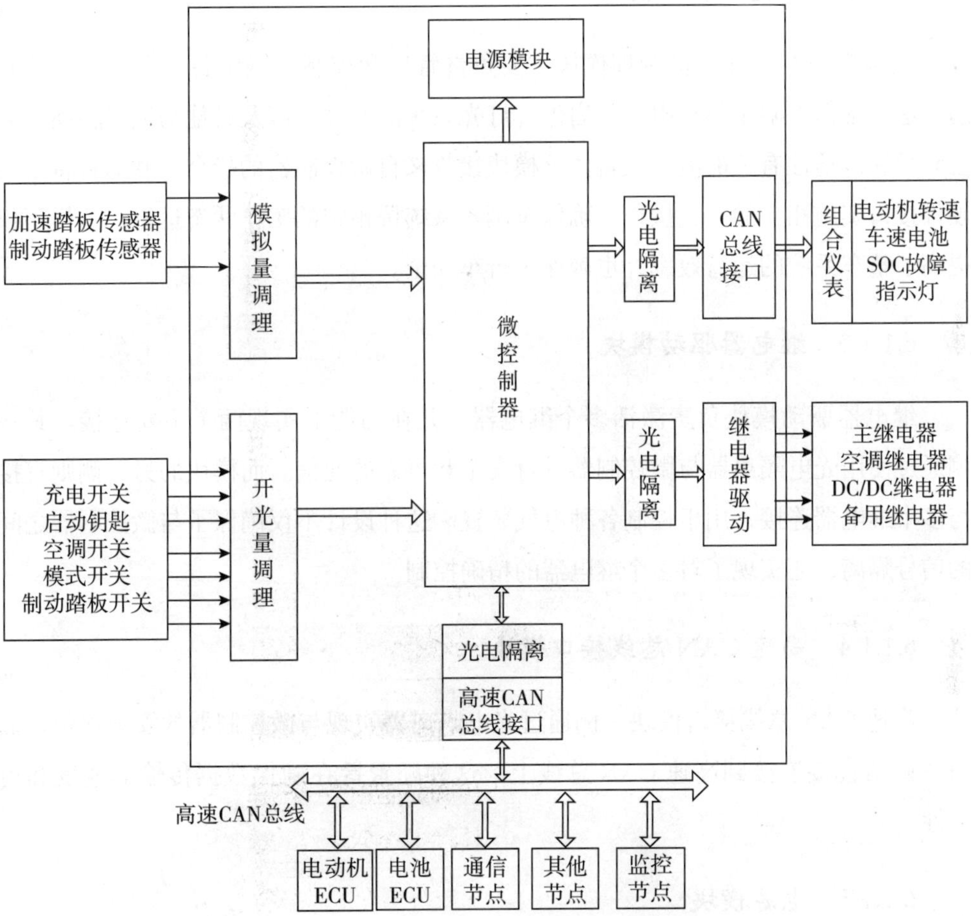

图6-1 整车控制器结构原理图

下面对每个模块功能进行简要说明。

6.1.1.1 模拟量调理模块

模拟量输入和输出模块能够收集范围在 0～5 V 的模拟信号,并能输出在 0～4.095 V 范围内的模拟电压信号。

脉冲信号输入和输出模块能够接收并调整 1 Hz～20 kHz、幅度 6～50 V 的脉冲信号,同时可以输出 1 Hz～10 kHz、幅度 0～14 V 的 PWM 信号。

6.1.1.2 开关量调理模块

整车控制器的开关量调理模块主要负责管理和控制车辆中各种电子开关的状态。这包括但不限于驱动电机的启停,灯光系统的开关,以及其他与能量转换、安全防护和舒适性有关的电子设备。该模块接收来自微控制器的指令,并通过特定的硬件接口实施相应的开关操作,确保车辆各系统按预定的工作状态运行。这样不仅提高了整车系统的运行效率,也确保了行车安全。

6.1.1.3 继电器驱动模块

继电器驱动模块负责激活多个继电器,并在功能上实现两个主要连接。其一侧通过使用光电隔离器与微控制器进行安全和可靠的通信。而模块的另一侧则直接与多个继电器连接,用于控制各种电气装置。这种设计不仅确保了与微控制器之间的信号隔离,还实现了对多个继电器的精确控制。

6.1.1.4 高速 CAN 总线接口模块

高速 CAN 总线接口模块一侧通过光电隔离器实现与微控制器的安全通信,而另一侧则直接连接到高速 CAN 总线上。这种配置旨在确保数据传输的速度和可靠性。

6.1.1.5 电源模块

电源模块负责供应独立的电力给微处理器以及所有输入输出单元,同时也实施对蓄电池电压的持续监控。该模块与微控制器直接连接,旨在确保系统整体的稳定运行和电源管理。

6.1.1.6 故障和数据存储模块

铁电存储器具有 32 K 的容量,用于保存车辆特性参数、标定数据以及故障代码等信息。

6.1.2 整车控制功能说明

整车控制器基本上有以下几项功能。

6.1.2.1 对汽车行驶进行控制

当驾驶员操作加速或制动踏板时,动力电动机需根据踏板开度输出相应的驱动或制动功率。整车控制器负责解读驾驶员的操作意图,收集来自车辆各子系统的反馈,然后发送相应的控制指令,以确保车辆正常行驶。同时,它还为驾驶员提供必要的决策信息。

6.1.2.2 整车的网络化管理

为了在现代汽车的多个电子控制单元和测量仪器之间实现高效、可靠的数据交换,德国博世(BOSCH)公司在 20 世纪 80 年代开发了 CAN 总线。在复杂性更高的新能源汽车中,CAN 总线的使用尤为关键,整车控制器作为控制单元之一,也是 CAN 网络中的一个节点。它在整车网络管理中起到中心角色作用,负责信息的整合和传输、网络状况的监控、节点管理以及故障诊断和处理。

6.1.2.3 制动能量回馈控制

新能源汽车使用电动机作为主要的驱动力来源,并具有制动能量回收功能。当车辆制动时,电动机转变为发电机,将制动能量转换为电能并存储在储能设备中。当条件允许时,这些能量会再次充入动力电池组。整车控制器会根据加速和制动踏板的位置以及电池的 SOC 值来决定是否可以进行能量回收。如果条件符合,整车控制器会发送指令给电动机控制器以回收制动能量。

新能源汽车技术

6.1.2.4 整车能量管理和优化

整车能量管理和优化是新能源汽车性能提升和效率提高的关键环节。这一过程由整车控制器负责，它综合了来自各个子系统，如电动机、电池组、制动系统等的信息和数据。通过复杂的算法和数据分析，整车控制器能实时判断并优化车辆的能量使用。

当车辆需要加速时，整车控制器会确保电动机以最经济的方式提供动力；而在制动或下坡时，整车控制器通过制动能量回收，将部分动能转换成电能存储入电池组，提高能量利用率。同时，整车控制器还会考虑到电池的状态，如温度、SOC 等，以最大化电池寿命和性能。在不同的驾驶模式和路况下，能量管理系统还可以进行自适应调整，以满足驾驶者对动力性、经济性和舒适性的不同需求。这种全面、智能的整车能量管理和优化不仅提升了车辆性能，也显著提高了能量效率。

6.1.2.5 车辆状态的监测和显示

整车控制器持续追踪车辆及其各子系统的状态，并通过车载信息显示系统为驾驶者提供这些数据。该控制器运用传感器与 CAN 总线，实时监控车辆及系统状况，进而操纵显示仪表。这些仪表展示各种关键信息，如电动机转速、车速、电池电量以及任何潜在故障。这样，驾驶者能够实时了解车辆状态并做出相应决策。

6.1.2.6 故障诊断与处理

整车控制器通过集成的传感器和诊断算法，实时监测各个子系统（如电池、电动机、传动系统等）的工作状态，一旦检测到异常或故障，会立即触发相应的警报或保护机制。在一些高级系统中，整车控制器甚至可以自动地调整其他子系统的工作参数，以减少或消除故障的影响。例如，如果电池电量过低，整车控制器可能会限制电动机的功率输出，以延长电池寿命。同时，故障信息会通过车载信息显示系统或诊断工具展示给驾驶员或维修人员，以便进行及时的人工干预或修复。一些先进的整车控制系统还能通过远程诊断和"车联网"功能，实现与制造商或维修服务提供者的实时数据交流，从而更快地诊断和解决问题。

6.1.3 CAN 通信网络

CAN 通信网络是现代新能源汽车中不可或缺的一部分，它为车辆的各个 ECU 提供了一个高效、可靠的数据交换平台。由于新能源汽车的控制系统比传统燃油车更为复杂，CAN 在其中发挥着至关重要的作用。

6.1.3.1 基础架构

在一个典型的 CAN 通信网络中，整车控制器作为主要的信息处理和传输中心，与各个子系统（如动力电池管理系统、电动机控制器、制动系统、车身电子系统等）通过 CAN 总线连接。CAN 总线一般由一条或多条电缆构成，数据以帧的形式在总线上传输。

6.1.3.2 数据交换和同步

整车控制器负责协调和管理网络上的数据交换。它根据预定的通信协议和时序，从各个子系统获取实时信息，进行数据分析和处理，然后向各子系统发送控制指令。所有这些操作都需要在毫秒级别内完成，以确保车辆动态性能和安全性。

6.1.3.3 网络管理和诊断

整车控制器还负责 CAN 通信网络的状态监控和故障诊断。通过各种网络管理算法和故障检测机制，整车控制器可以实时地检测网络状态，包括数据传输速率、节点状态、总线负载等，并在出现异常时采取相应的措施。

6.1.3.4 安全性和可靠性

在设计 CAN 通信网络时，安全性和可靠性是非常重要的因素。一方面，需要通过硬件和软件的多重保护机制，确保网络在各种极端环境（如高温、低温、高湿等）下稳定运行；另一方面，需要考虑网络的数据安全性，防止未经授权的数据访问和篡改。

随着车联网、自动驾驶等先进技术的不断发展，CAN 通信网络面临着更高的数据处理和传输要求。因此，未来可能会看到更多基于以太网或其他高速通信协议的车载网络逐渐取代或补充现有的 CAN 通信网络。整车控制的 CAN 通信网络是新能源汽车复杂控制体系中的核心组成部分，它不仅确保了各个子系统能够高效、可靠地进行数据交换，还提供了强大的网络管理和故障诊断功能，从而大大提高了整车的性能和可靠性。

6.2 电池管理系统

6.2.1 使用电池管理系统的必要性

电池管理系统（BMS）在新能源汽车，特别是电动汽车和混合电动汽车中，是至关重要的。下面从几个方面详细阐述 BMS 的必要性。

6.2.1.1 电池寿命和性能优化

电池是新能源汽车中最昂贵也最敏感的组件之一。一个有效的 BMS 能够实时监测电池的电压、电流、温度等关键参数，并据此调整电池的充电和放电状态。通过这种方式，BMS 能够延长电池寿命，提高电池性能，并避免因电池老化、过热或其他异常情况导致的性能下降。

6.2.1.2 安全性

BMS 通过实时监测和诊断，可以预防和及时处理各种潜在的电池安全问题，如短路、过充、过放、过热等。一旦检测到这些问题，BMS 会立即采取措施，如断开电池，或通过冷却系统调整电池温度，从而保证车辆和乘客的安全。

6.2.1.3 能量管理和效率提高

在一个复杂的电动车辆系统中，电池不仅要为主动力电机提供电力，还需要供应车内各种电子设备和传感器。BMS 通过精确的能量管理，确保电池在各种工况下都能以最高效率工作，从而提高整车的能量利用效率。

6.2.1.4 提供准确的信息

驾驶员需要准确知道电池的状态,包括剩余电量、续航里程、充电时间等,以做出合适的驾驶决策。BMS 能提供这些准确信息,增加驾驶员对车辆状态的了解,提高驾驶体验。

6.2.1.5 高度集成和兼容性

现代 BMS 不仅需要管理电池,还需要与车辆的其他系统(如整车控制器、电动机控制器、导航系统等)高度集成。这样,BMS 不仅能更好地管理电池,还能提供更全面、更高效的能量管理解决方案。

6.2.1.6 便于故障诊断和维护

具备高级 BMS 的电动车辆能够自动诊断电池和相关电子系统的健康状态,有助于快速、准确地定位和解决问题。这大大简化了维护流程,减少了运营成本。

6.2.1.7 国家和行业标准

多数国家和地区都有针对新能源汽车的电池管理规定和标准。一个有效、可靠的 BMS 需要符合这些标准,且是获取各种认证(如 ISO、SAE 等)的关键。

BMS 在新能源汽车中具有多方面的重要作用。它不仅关系到电池和车辆性能,还直接影响到用户体验和安全。因此,BMS 的应用是任何高效、可靠、安全的新能源汽车系统不可或缺的一部分。

6.2.2 电池管理系统结构

BMS 主要负责对电池组进行综合管理,其高级功能还涵盖了温度调节和电压均衡控制。

6.2.2.1 电池组管理系统

电池组管理系统负责监控电池的运行状态,以预防过充、过放和过热等情况,并能及时发出故障报警。这样做有助于最大限度地提高电池的能量储存和使用寿命。该系统主要涵盖了电池组电压和电流检测、单体电池及整组电池温度监测、SOC 的计算与展示、剩余电量和可行驶里程的显示、自动诊断以及报警和安全保护功能。

6.2.2.2　热（温度）管理系统

热管理系统负责电池组的温度控制和热能分配，它包括电池组的组合配置、分组布局、支架设置以及相关的通风设施（如风扇）。此外，该系统还包括管理温度的 ECU 和温度传感器，以精确监控和调控电池组的温度，确保热能的有效管理和利用。

6.2.2.3　电压平衡控制系统

BMS 中的电压平衡控制是一项至关重要的功能，旨在确保电池组中的每个单体电池都维持在一个相似的电压水平。这不仅有助于提高整个电池组的性能和效率，还能显著延长其使用寿命。系统通过持续监测各单体电池的电压，并在需要时自动进行调整，以防止某一个或多个电池的电压过高或过低，从而确保整个电池组能在最佳状态下运行。这一过程通常由高度复杂的 ECU 管理，并依赖于精确的传感器数据。

6.2.3　电池测量和监控系统

BMS 在纯电动汽车和混合动力汽车中起到相同的核心作用，它主要负责电池组的全面管理与优化。系统对电池的组合、安装、充放电过程进行详细监控，以确保电池组能够以最高效率正常运作。其中，保持电池组内各单体电池电压的均衡是一个重要任务，这有助于预防过充或过放现象，从而有效延长电池的使用寿命。BMS 还专注于电池的热管理，这不仅可以避免因过热而导致的性能下降，还能确保电池的安全运行。同时，系统也负责电池组的常规维护和清洁，以确保其长期稳定运作。SOC 是整个 BMS 中最关键的指标之一，通过实时计算和显示 SOC，BMS 能让驾驶员了解电池的当前状态，从而做出更加明智的驾驶和充电决策。综合来看，BMS 不仅提升了电池组的工作效率和使用寿命，还对保证电动汽车的安全运行起到了至关重要的作用。

6.2.3.1 电池的技术性能

电池性能因其类型、型号和使用程度而异，涉及多个技术指标，如容量、工作电压、终止电压、质量、尺寸及特性（如记忆效应）。因此，为动力电池组建立完整的技术档案是必要的。值得注意的是，即便来自同一批次和型号的电池也可能因制造因素和电解质浓度差异而表现不同。在组装动力电池组之前，需要对每一个电池进行严格的性能测试，并确保组合在一起的电池性能差异较小，以达到整体性能的最优化。

6.2.3.2 电池状态的管理

混合动力汽车的动力电池组是由多个单元电池构成的，其关键状态参数包括电压、电流、温度以及 SOC 等，在充电和放电过程中都应被监控。正常情况下，这些电池组的基础状态，如电压、电流、温度和 SOC，能够进行双向的测量和显示。

由于受多因素的影响，动力电池组中的某些单体电池的性能可能下降，导致电池组充电不充分或快速耗尽电量。因此，BMS 需要实时自动监测各单体电池的状态。一旦检测到某电池出现问题，系统应立即发出报警，以便对有问题的电池进行移除和更换。

6.2.3.3 动力电池组的组合

动力电池组通常由 8～32 节 12 V 铅酸单体电池或更多其他类型的单体电池串联组成。为了适应混合动力汽车各个不同的安装位置，这些电池通常被分为多个小型电池组，并在车辆中分散布置。这种配置方便了电池组的机械安装、拆解和维修。

当检测到某电池温度或 SOC 异常，该电池的实时数据会立即反馈给 BMS，并通过故障诊断系统预警可能的电池组问题。在 BMS 中，准确确定 SOC 是一项关键而复杂的任务。现有的多种 SOC 实时在线估算方法都存在局限性，无法完全满足实际应用需求，这主要是由于 SOC 受多种因素影响，并且具有显著的非线性特性，给实时在线估算带来了挑战。

6.3 电机控制系统

6.3.1 电机控制系统的组成

电机控制系统作为电动系统的核心，连接电池和电机，负责调整车辆的各种性能参数。它不仅确保了车辆的基础安全和精确操控，而且能最大化电池和电机的性能，作为智能功率模块，电机控制系统是电动汽车稳定、高效运行的关键组件。

电机控制系统主要包括以下几个关键组件。

6.3.1.1 电机控制器

这个组件被称为车辆的"大脑"或"心脏"，它是整个车辆控制系统的核心组成部分。它的主要任务是接收来自车辆各个子系统的信号和指令，这些子系统包括但不限于加速踏板、制动系统、转向系统等。一旦接收到这些信号和指令，该组件会进行快速的数据分析和解析，然后根据预设的算法和逻辑，生成相应的控制命令。这些控制命令随后会被发送到电机控制单元，从而精确地控制电机的转速和方向，确保车辆在各种路况和驾驶模式下都能表现出优秀的性能和稳定性。这一切都是在短短的几毫秒内完成的，保证了车辆的即时反应和安全行驶。

6.3.1.2 电动机

通常，现代车辆以交流（AC）或直流（DC）电机作为动力源。无论是哪一种电机，其运转速度和转矩都是由专门的电机控制器进行调控的。电机控制器接收来自车辆主控系统的指令，经过复杂的算法计算后，精确地调节电流和电压，从而实现对电机速度和转矩的精细控制。这样不仅确保了车辆能够在不同驾驶条件下获得适当的动力，也大大提高了整体的燃油效率和性能表现。

6.3.1.3 传感器

这些关键传感器涵盖了电流、电压、转速和位置等多个方面，用于即时监测电机和电池的运行状况。电流传感器负责测量电流消耗，电压传感器监测电压波动，转速传感器追踪旋转频率，位置传感器定位设备空间坐标。这些数据汇集分析有助于确保设备高效运转,提前发现潜在问题并采取措施,从而延长电机和电池的使用寿命。

6.3.1.4 电池或电源

在各种应用中,系统所需的电能通常由 BMS 进行精确管理和监控。BMS 负责监测电池的状态、电荷和放电过程,以确保系统始终获得稳定、可靠的电能供应。通过实时监测电池健康状况、温度、电压等参数,BMS 能够优化充放电策略,延长电池寿命,同时保障系统性能和安全。这种智能管理方式有助于提高能源利用效率,降低维护成本,并确保系统在各种工作条件下稳定运行。

6.3.1.5 系统界面

系统界面可为显示屏或其他界面形式,用于展示电机及整体系统状态,接收驾驶员输入。通过显示关键参数如速度、电量等,界面提供实时信息,协助驾驶员做出决策。驾驶员可通过界面进行设置、模式选择等操作,实现对系统的交互控制。这种可视化界面促进驾驶员与系统间的沟通,使其能更好地了解和操控电动车辆,提升驾驶体验与安全性。

6.3.1.6 通信接口

基于 CAN 总线或其他工业标准的接口,用于电机控制系统与车辆其他系统之间的高效数据交流。CAN 总线作为实时通信媒介,传输电机状态、速度、控制命令等信息,实现系统部件间的协调配合。这种接口技术使得不同子系统能快速、可靠地共享数据,提升电动车辆整体性能与协同工作能力,同时简化系统设计与维护。

6.3.1.7 冷却系统

电机和控制器在运行时会产生大量热量,为确保其在安全和有效的工作温度范围内运行,常需要配备冷却系统。该系统能有效地散热,防止设备过热损坏,同时保持其性能稳定。冷却系统可以通过空气循环、液体循环或热交换等方式,将多余热量转移至外部环境。这种维护工作温度的方法有助于延长电机和控制器的寿命，提高系统的可靠性和效率，从而满足工业和技术应用的需求。

这些组件共同工作，确保电机控制系统能够高效、安全、可靠地运行，以满足现代电动或混合动力车辆的需求。

6.3.2 电机控制器的分类

6.3.2.1 直流电机控制器

直流电机控制器主要负责管理和调节直流电机的运行，包括电机的转速、旋转方向以及输出的转矩力。它通过接收输入信号和实时反馈，能精准地控制电机以满足各种应用场景的需求。

6.3.2.2 交流电机控制器

交流电机控制器通常采用变频技术，以精确地调节电机的速度和转矩。变频技术允许电机在不同的操作条件下保持高效和稳定性。

6.3.2.3 交流永磁电机驱动系统

交流永磁电机驱动系统有两种类型：正弦波永磁同步电机驱动系统和梯形波无刷直流电机驱动系统。正弦波永磁同步电机驱动系统使用 PWM 技术将高压直流电转换为三相交流电，并利用变频调速技术实现电机调速。梯形波无刷直流电机驱动系统通常使用"弱磁调速"的方式对电机进行控制。相比之下，正弦波永磁同步电机驱动系统因其在低速下的小转矩脉动和高速下的稳定调速，具有更好的应用潜力。

6.3.2.4 开关磁阻电机驱动系统

开关磁阻电机驱动系统通常使用模糊滑模控制方法进行电机控制。当前，纯电动汽车主要采用永磁同步电机，这类电机使用稀土永磁体进行励磁。与需要额外励磁电路的感应电机相比，永磁同步电机具有更高的效率、更大的功率密度、更高的控制精度以及更小的转矩脉动。

6.3.3 电机控制器的内部结构

电机控制器主要由接口电路、控制主板、绝缘栅双极型晶体管（insulated gate bipolar transistor, IGBT）模块（驱动）、超级（高压）电容、放电电阻、电流感应器、壳体、水道等部分组成。[①]

电机控制器具有内置的故障检测电路，一旦发现系统异常，它会生成一个错误代码并将其发送到整车控制器，同时也会保存这一故障码和相关数据。

6.3.4 常见电动汽车电机控制器

比亚迪 E6 的双向逆变充放电式电机控制器。它是一个高度集成的多用途控制器，不仅负责电机和车辆的整体控制，还支持从电网到车辆的充电，以及从车辆到电网和用电设备的放电功能。这意味着它可以进行车辆充电和放电操作。该电机控制器通过采集加速、制动、挡位、模式等信号控制动力输出，如图 6-2 所示。

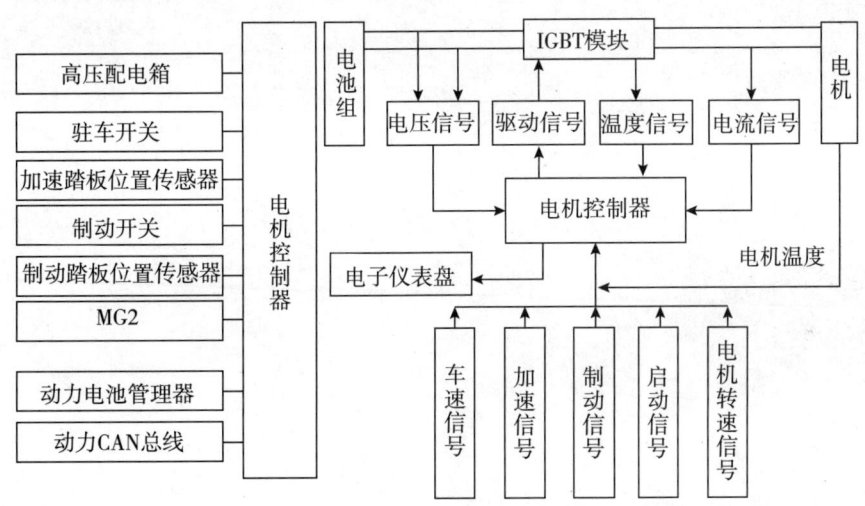

图 6-2 比亚迪 E6 双向逆变充放电式电机控制器的组成及控制框图

众泰云 100S 电机控制器。众泰云 100S 电动汽车的电机控制器使用的是 MC3336 系列低压交流控制器，这款控制器专为低压交流电动汽车设计，采用了国际先进的交流电机控制算法，它能在一个广泛的调速范围内，对交流电机的转矩进

---

① 李琼，易宏彬. 新能源汽车驱动电机与控制技术 [M]. 北京：北京邮电大学出版社，2019：34.

行精确控制。

交流驱动系统提供了更广泛的电机调速范围,从而增加了车速。由于交流电机是无碳刷和全密闭的,系统的可靠性明显提高且免维护。其高效率和灵活的能量回馈控制也有助于提升车辆的续航里程。

吉利帝豪 EV300 电机控制器。吉利帝豪 EV300 的电机控制器位于前舱内,并通过 CAN 通信进行操作。它负责管理动力电池组和电机间的能量流动,同时收集电机的位置信息和三相电流检测数据以准确控制电机运行。该控制器不仅能将来自动力电池的直流电转化为交流电以驱动电机,还能将车轮的旋转动能转换为电能,即将交流电转回为直流电,以给动力电池充电。

单元 7　电动汽车制动系统

7.1　电动真空泵的分类和构成

7.1.1　电动真空泵的分类

电动真空泵（electric vacuum pump, EVP）存在两种配置，分别适用于不同车型：第一种采用与制动助力器控制单元 J542 集成的形式，由发动机控制单元 J220 按照内部曲线进行调控（大众称其为"可控式"）；第二种没有制动助力器控制单元 J542，仅为由电动机驱动的独立真空泵，由发动机控制单元 J220 通过继电器和独立的压力传感器进行控制（大众称其为"可调式"）。

传统的真空助力器与发动机进气歧管的真空管连接，其中有一个单向阀用于维持已建立的真空度。同时，为了防止真空泵停转时外界气体侵入并降低真空度，真空泵的吸入口也配有一个单向阀。在这两个单向阀的内侧，还安装了一个真空度传感器（绝对压力传感器）。

7.1.2　电动真空泵的构成

电动真空泵是一种在电动汽车、混合动力汽车以及一些现代燃油车型中广泛使用的设备，用于生成真空压力，以支持诸如制动助力器、气门控制和其他需要真空的系统，下面是电动真空泵的构成。

电机单元。电机是电动真空泵的"心脏"，通常是一个高效的无刷直流电机或步进电机。

泵体。泵体是一个精密制造的金属或塑料外壳，用于封装各种内部机械部件。

叶轮/转子。叶轮/转子用于将电机的动力转换为流体动力,从而产生真空。

密封和轴承。密封和轴承用于确保泵体内部与外界隔绝,避免泄漏和摩擦。

控制单元。控制单元通常是一个嵌入式微控制器,用于控制电机速度,监视真空压力和其他参数。

压力传感器。压力传感器用于实时监测泵内的真空度或压力。

电路板。电路板用于连接电机、传感器和控制单元,提供电源和信号传输路径。

接口和连接件。接口和连接件包括电气连接器和管道接口,用于连接泵与车辆其他系统。

散热系统。由于电机和泵体在操作过程中会产生热量,因此需要有效的散热系统,如使用风扇或液冷。

电动真空泵是现代汽车中一个重要的组成部分,尤其在电动和混合动力车型中具有不可或缺的作用。其高度集成和智能化的特点使得它在现代车辆中有着广泛的应用前景。

7.2 线控制动系统的特点

线控制动系统(brake-by-wire, BBW)是一种先进的制动系统,它利用电子信号替代传统的液压或机械连接来控制制动器,从而实现对车辆制动的精确控制。这种制动系统具有多个显著特点,以下为详细解析。

7.2.1 快速响应与高精度

线控制动系统的响应速度非常快,因为它使用电子信号而非液压液来传递制动指令。这不仅减少了从踏板到制动器的延迟,还允许更精细的制动控制。高精度是其另一个特点,线控制动系统的ECU可以瞬间计算出最佳的制动力,并分配到各个车轮。

7.2.2 轻量化与节能

由于线控制动系统不需要液压泵、管道和油缸等,因此通常比传统制动系统更轻。这不仅有助于提高车辆的燃油效率，还可以增加电动汽车的续航里程。

7.2.3 高度集成与兼容性

线控制动系统易于与其他车载电子系统（如防抱死制动系统、电子稳定程序、自适应巡航控制等）集成，形成一个高度统一和协调的车载控制系统。

7.2.4 自适应性与可定制性

该系统可以根据路面状况、车辆速度、载重等因素动态调整制动力，从而在不同情境下提供最佳的制动性能。另外，许多高级线控制动系统允许驾驶者通过车载界面自定义制动响应和感觉。

7.2.5 安全性增强

线控制动系统通常配备有多重冗余和自我诊断功能，以确保在关键组件失败时能够维持基本的制动能力。这大大提高了系统的可靠性和安全性。

7.2.6 简化维护

缺乏液压元件意味着较低的维护需求和成本。不需要定期更换制动液，也减少了液压泄漏和腐蚀的可能性。

7.2.7 提高驾驶体验

线控制动系统通常能提供更直接和一致的制动感觉，这有助于提高驾驶者的信心和车辆操控性。

7.2.8 节省空间与布局灵活性

由于缺乏液压系统和机械连接，线控制动系统通常更为紧凑，这为车辆设计提供了更多的灵活性。

线控制动系统凭借其快速响应、高精度、节能、高度集成、自适应性、安全性、简化维护、驾驶体验好以及节省空间等多重优点，正逐渐成为现代汽车制动技术的主流。它不仅提升了车辆的整体性能，也为未来的自动驾驶技术和智能交通系统提供了强有力的支持。

7.3 制动能量回收系统

7.3.1 制动能量回收概述

汽车制动能量回收，也称为回馈制动或再生制动，是一种能量转换和储存机制。当车辆减速或制动时，该系统将部分动能通过能量转换装置转换为其他类型的能量（如旋转动能、液压能或化学能），并储存在专用的储能装置里。这个过程同时产生负荷阻力，有助于车辆减速。当车辆需要加速或重新启动时，这些储存的能量再被转换成动能，用于驱动车辆。汽车制动能量回收过程如图 7-1 所示。

图 7-1 汽车制动能量回收过程简图

汽车制动能量回收系统是一种内燃机或电力与蓄能装置相结合的复合动力系统。通过合理地匹配这些动力源和储能设备，系统能自动控制汽车的驱动方式，从而实现更高的能效和环境友好性。

根据蓄能装置的类型，汽车制动能量回收通常分为机械飞轮储能、液压蓄能和蓄电池储能，以及这些形式的复合储能。相应的能量转换器根据储能形式而变，包括无级变速器、发动机/电动机和液压泵/马达。

7.3.2 制动能量储能装置的对比

对于汽车制动能量的回收和再利用，如何存储回收的能量是一个核心技术问题。理想的储能装置应满足几个条件：第一，高的能量密度能减轻车辆重量和降低油耗；第二，能经受多次存储和释放能量的循环，最好能与车辆的使用寿命相匹配，以减少使用成本；第三，该装置应环境友好，并对环境温度不敏感；第四，需要具有高安全性，能够抵抗交通事故的冲击；第五，应具有成熟的技术、高性价比、充足的储能空间、高能量转换效率和快速的储能和释能速度。

制动能量回收主要通过三种方式：第一种是机械储能，通过飞轮将制动能量转化为动能；第二种是液压储能，将制动能量转换为高压油并存储在液压缸里；第三种是蓄电池储能，将制动能量转化为电能并储存在蓄电池中。

7.3.2.1 机械储能

机械储能是一种高效、可靠的能量存储和转换技术。它的基础是一个高速旋转的飞轮，通常由高强度的材料如碳纤维或陶瓷复合材料制成，并在真空或低摩擦环境中操作以减少能量损失。在机械储能系统中，当需要存储能量时，飞轮的旋转速度会提高；而当需要释放能量时，飞轮的旋转速度会减小。该系统具有能量密度高、响应速度快、循环寿命长以及维护需求低的优点。机械储能系统可以很快地存储和释放大量能量，特别适用于需要快速充放电的应用场景，比如电动汽车或混合动力汽车的制动能量回收。

在汽车制动能量回收中，机械储能可以有效地转化车辆在制动过程中产生的动能。这不仅有助于提高燃油效率，还有助于减少车辆对传统刹车系统的依赖，从而减少刹车系统的磨损。然而，机械储能也有其局限性，比如体积相对较大，以及需要特定的材料和制造工艺，这可能会增加成本。但总体而言，由于其高效性和可靠性，机械储能技术在未来具有巨大的应用潜力。

7.3.2.2 液压储能

液压储能是一种将动能转换成高压液体能量的方法，尤其在电动汽车制动能量回收方面应用广泛。液压储能系统一般由高压储油罐、液压泵（或泵/马达单元）、调速阀和控制单元等主要部件构成。在汽车减速或制动时，动能通过液压泵转化为液体动能（液压能），并储存在高压储油罐中。当汽车需要加速时，储存的高压液体通过泵/马达单元重新转化为动能，为汽车提供额外的驱动力。

液压储能系统具有多个显著优点。

响应速度快：液压储能系统能迅速地储存和释放大量能量。

高效：与电池相比，液压储能系统通常具有更高的能量转换效率。

高可靠性：系统简单，维护相对较少。

节能环保：通过回收制动能量，减少了能量损失，从而提高了整车的能量利用效率。

可扩展性：系统可以按需求轻松地扩展，以适应不同类型和规模的应用。

液压储能在电动汽车、混合动力汽车以及重型车辆如公交车和卡车中都有应用。在这些应用场景中，液压储能不仅可以提高燃料效率，还可以提供更平稳、更可靠的驾驶体验。近年来，随着液压技术和材料科学的不断发展，液压储能系统的效率和可靠性也得到了显著提高。研究和开发的重点包括提高储油罐的压力容量，减小系统体积，以及开发更环保的液压介质。液压储能作为一种成熟和高效的能量回收技术，在电动汽车和其他移动应用中具有巨大的潜力和应用前景。通过继续研发和优化，人们有望解决其现有的局限性，并进一步推动该技术在电动汽车制动能量回收领域的广泛应用。

7.3.2.3 蓄电池储能

在车辆减速或制动过程中，一台具有双向功能的发电机/电动机被用作发电机，将车辆的动能转换为电能。这些电能随后被存储在蓄电池中以供将来使用。这种方式实现了蓄电池电能与车辆动能之间的可逆转换。

当车辆需要启动或加速时，发电机/电动机作为电动机运行，将蓄电池内储存的电能转化为机械能以推动车辆。蓄电池储能特别适用于电动汽车，这种车型因其零排放和低噪声特性，在面临严格环境标准和石油短缺问题的当下，受到了广泛关注。

图7-2为蓄电池储能式制动能量回收系统示意图。当汽车以稳定速度行驶或加速时，电磁离合器处于分离状态。一旦汽车开始制动，电磁离合器接合，连接了驱动轴和变速器的输出轴，这使得汽车的动能传输至发动机和飞轮。在制动过程中，这些机械能通过电动机转换为电能，并储存进蓄电池中。

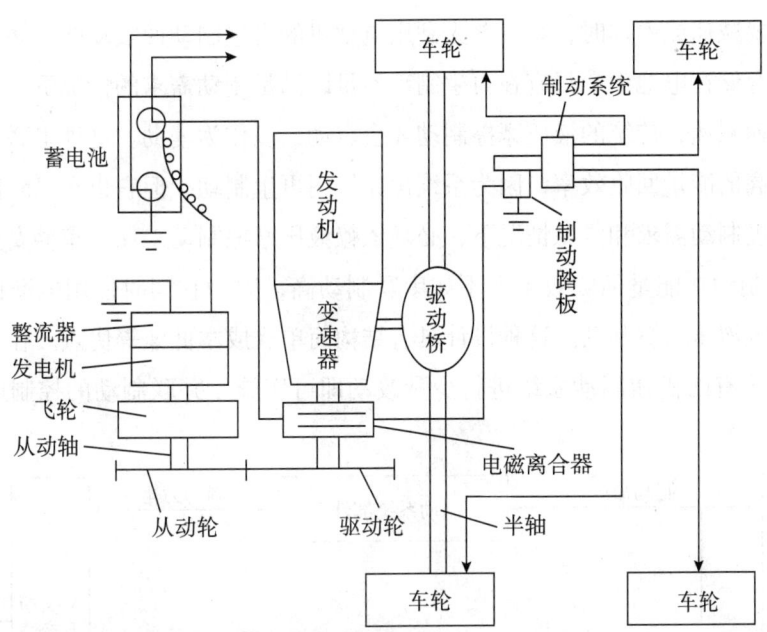

图 7-2 蓄电池储能式制动能量回收系统示意图

7.3.3 电动汽车制动能量回收系统

电动汽车制动能量回收系统通过电动机/发电机实现动能与电能之间的转换。当车辆制动或减速时,电动机切换为发电机模式,将车辆的动能转化为电能并储存在蓄电池中。当车辆需要加速时,储存的电能再次转换为动能来驱动车辆,这一系统有助于提高电动汽车的整体能效和续航里程。

7.3.3.1 电动汽车制动能量回收系统工作模式

电动汽车制动能量回收系统由电动机的再生制动和传统液压摩擦制动两部分组成。虽然再生制动能回收能量并提供一定制动力,但由于受到电池、车速和电机特性等因素的限制,不能单独满足紧急或高强度制动需求。因此,为确保制动安全,还需配合传统液压摩擦制动,这样的混合制动方式可以分为串联和并联两种方式。

串联制动是一种电动汽车制动能量回收系统中的配置方式,其中电动机的再生制动和传统的液压摩擦制动按照一定的顺序或优先级进行工作。在这种模式下,当车辆需要减速或停车时，系统首先利用电动机的再生制动回收动能，并将动能转化为电能存储在电池中。只有在再生制动不足以满足制动需求的情况下，比如紧急制动或高速减速，传统的液压摩擦制动才会启动，以作为辅助。这种串联方式的优势在于更高的能量回收效率，因为系统优先使用再生制动。但它也有局限性，主要是在高强度制动需求和紧急情况下，必须依赖液压摩擦制动来保证车辆安全。

并联制动在能量回收效率上不如串联制动高，因为它同时使用电动机的再生制动和传统液压摩擦制动。这种设计具有结构简单、成本低廉等优点。在运行过程中只需对现有的机械制动系统进行少量改动即可实施。并联制动的控制原理如图7-3所示。

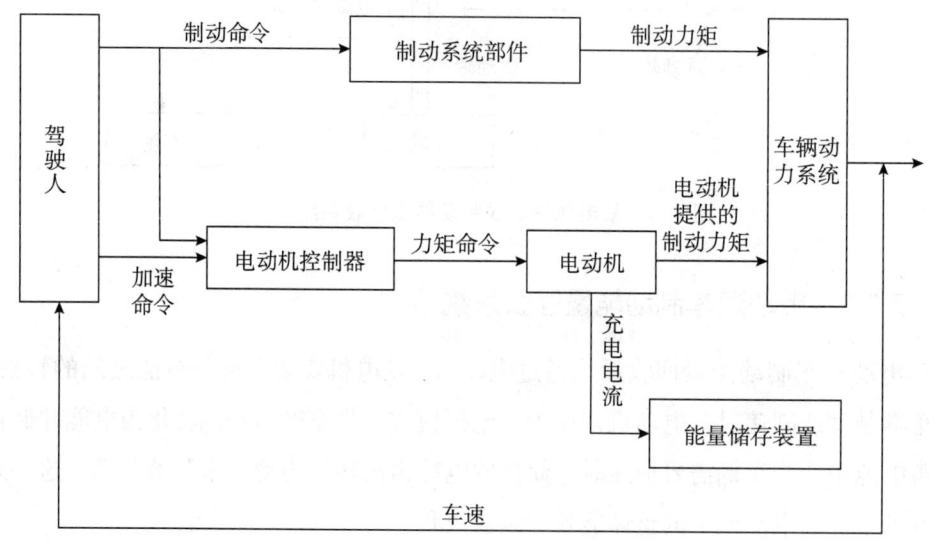

图7-3 并联制动的控制原理

与串联制动相比，这种方式虽然在能量回收方面表现较差，但只需控制电动机的再生制动力，从而简化了结构并降低了成本。即使再生制动失败，该系统仍能保证车辆的安全制动。

7.3.3.2 电动汽车制动能量回收的影响因素

储能装置。制动能量回收在电动汽车中是一个重要环节，尤其需考虑蓄电池的状态。如果蓄电池的SOC值过高，继续进行制动能量回收将对电池寿命造成损害，并可能引发安全隐患。同时，还需要注意电池能承受的最大充电电流和充电功率，以确保电池的安全，延长其使用寿命。

车速与制动力度。一般来说，高速行驶下的制动会产生更多的动能，这更有利于将动能转换为电能以进行存储。因此，在高速条件下，制动能量回收的效率通常会更高。

电机和控制器性能。电机和控制器在电动汽车制动能量回收过程中起到关键作用。它们的效率、设计以及控制算法不仅影响能量的转换效率，还直接决定了多少制动动能能够成功回收并存储于蓄电池中。因此，优化这些组件是提高能量回收效率的关键。

驾驶行为。驾驶员的驾驶习惯，如急加速或急减速，对电动汽车的制动能量回收效率有直接影响。这种不稳定的驾驶行为会让能量回收系统难以预测和调整，从而降低制动能量的有效回收和存储效率。

路面状况。湿滑或不平的路面条件对电动汽车制动能量回收系统的性能有负面影响。这些路况会影响车轮与地面的摩擦，从而降低制动效果和能量回收效率。因此，在这种情况下，系统可能无法充分回收和存储制动动能。

车辆载荷。车辆载荷对制动力度和能量回收有显著影响，更重的载荷会增加制动所需的动能，但也可能增加制动距离和时间，从而影响制动能量的有效回收。因此，载荷大小是影响能量回收效率的一个重要因素。

环境温度。在极高或极低的温度条件下，蓄电池和电机的性能都可能受到不利影响，这直接影响到制动能量回收的效率和安全性。例如，低温可能降低电池的充电能力，而高温则可能导致电池和电机过热，从而限制或降低制动能量的有效回收。

车辆动力学特性。车辆的重量、气动阻力和滚动阻力都是影响制动能量回收的关键因素。重量增加则需要更多的动能来停车，但也提供了更多可回收的能量。然而，高气动阻力和滚动阻力会吸收部分动能，从而降低制动能量回收的总量和效率。

单元 8　电动汽车空调系统

8.1　电动汽车空调系统的供热方式

空调系统的供热方式也就是人们所说的空调供暖，现代空调已经发展成为冷暖一体化装置，除了具备制冷功能外，还具备供暖系统。本节将在理论知识的基础上，解释汽车空调供暖系统的构造和工作机制。

8.1.1　汽车空调供暖系统的功用

在冬季，汽车空调供暖系统通过向车内提供暖气来改善乘坐舒适度，有效地提高了车内环境温度。这不仅增加了驾驶和乘坐的舒适性，还有助于保持车窗的清晰度，提高行车安全。

当车窗出现结霜或结雾时，汽车空调供暖系统可以通过输送热风到玻璃表面来有效地进行除霜和除雾，以保证视线清晰，提高行车安全。

汽车空调供暖系统可以与蒸发器协同工作，综合调节空气温度，从而达到乘员感觉舒适的温度水平。这种协同工作方式不仅提高了温度控制的准确性，也增强了乘坐体验和舒适度。

8.1.2　汽车空调供暖系统的分类

8.1.2.1　按获得热量的来源分类

水暖式供暖系统：水暖式供暖系统是一种利用发动机冷却液的热量来为车内提供暖气的方式。通过这种方法，发动机的废热得以有效回收和利用，进而提升了整个车辆能效，同时提供了舒适的车内温度。

独立燃烧式供暖系统：独立燃烧式供暖系统通过安装专门的燃烧装置来提供暖气，这种设计主要应用于商用车和大型客车上。该系统可以独立于主发动机运行，因此能更灵活地控制车内温度，提供持续稳定的热量。

综合预热式供暖系统：综合预热式供暖系统是一种集成了发动机冷却液热量回收和燃烧预热器的加热方案，主要应用于商用车上。这种设计旨在兼顾效率和灵活性，能够根据不同情况灵活调整，以提供稳定和高效的车内供暖。

气暖式供暖系统：气暖式供暖系统是一种利用发动机排气系统的热量来提供车内暖气的方法，这种加热方式主要应用于风冷发动机上。它能有效地回收排气系统的废热，为车内提供持续和稳定的温暖环境。

8.1.2.2 按空气循环方式分类

内循环式：在内循环模式下，车内的空气作为热载体进行循环。这些空气通过热交换器被加热后，重新送入驾驶室，以提供暖气给乘员。这个过程实质上是一种热量回收和再利用过程，旨在提高车内的温度和乘坐舒适度。

外循环式：外循环方式是指引入车外的新鲜空气作为热载体，在经过热交换器加热后，被输送到驾驶室内，以供乘员取暖。这种方法不仅提供了温暖，还能确保车内空气的新鲜和质量。

内外混合式：内外混合式暖风系统以车内外空气作为热载体进行循环和加热。这种方式使混合动力汽车在经过热交换器加热后被送入驾驶室，旨在提供乘员所需的温暖。这种设计不仅能保证车内温度和舒适度，还能维持空气质量，实现了效率和舒适性的综合优化。

8.1.3 汽车空调供暖系统的工作原理

这里主要介绍水暖式、气暖式、独立燃烧式供暖系统的工作原理。

8.1.3.1 水暖式供暖系统的工作原理

水暖式供暖系统是一种广泛应用于汽车的暖风供应系统，主要依赖发动机冷却液的热量来为车内提供暖气。发动机启动并运行起来后，会产生大量的热量。这些热量首先被冷却液吸收，使得冷却液的温度逐渐上升。这里的冷却液通常是由水和抗冻液混合而成的特殊液体。

随着冷却液温度的上升，这些被加热的冷却液通过一个专门设计的供暖回路流向暖气芯体，这实际上是一个热交换器。在这个热交换器中，冷却液释放出其存储的热量。与此同时，车内的送风系统会启动一个风扇，这个风扇推动车内或车外的空气通过这个暖气芯体。在这个过程中，空气吸收了暖气芯体中的热量，变得更加温暖。

这些被加热的空气被引导回车内，通常会经过一个复杂的风道和出风口系统，均匀地分布到车厢的各个角落。这不仅确保了所有乘客都能感到温暖，还提高了整体的舒适度。这个系统利用了发动机产生的"废热"，相当于进行了热能回收，从而提高了车辆的能效。

另外，水暖式供暖系统通常都配备有先进的温度控制功能，允许乘客或驾驶员根据个人喜好或外界环境条件来调整暖风的温度和风量。这一切都通过一系列传感器和控制单元来实现，确保了系统的高效运行和安全性。

由于水暖式供暖系统的设计相对简单，而且已经经过多年的应用实践，它已经被证明是一种高效、可靠和成熟的暖风供应方式。然而，需要注意的是，这种供暖方式需要定期进行冷却液的更换和系统的检查，以保证其长期的高效和安全运行。

8.1.3.2 气暖式供暖系统的工作原理

气暖式供暖系统是通过发动机排气系统产生的热量来供暖的。这种系统一般适用于风冷发动机，因为风冷发动机没有液体冷却系统，因此也无法像水暖式供暖系统那样通过冷却液来传递热量。

在气暖式供暖系统中，发动机运行时会排出高温的废气。这些废气通常先流经一个特殊设计的热交换器，这个热交换器有两层，外层连接着排气管，而内层则是空气流动的通道，当废气流过热交换器的外层时，热量会被传递到内层中流动的空气中。与此同时，一个风扇会把车内或车外的空气吸入这个通道，并通过热交换器。

空气经过热交换器后，它的温度会上升。这些被加热的空气通过风道系统输送到车厢内,提供给乘员温暖。由于热交换器非常接近发动机,因此这种供暖系统能够快速地提供大量的热量,尤其在冬季或寒冷环境中表现出色。

与水暖式供暖系统一样,气暖式供暖系统通常也配备有温度控制单元和多个风扇速度选项,让乘员能够根据个人需求和外界环境调整温度和风量。这一切都是通过一系列传感器、控制单元和人机界面来实现的,以确保系统不仅高效,而且安全。

这种系统虽然在供暖方面效果显著,但因为它直接利用发动机的排气热量,所以必须特别注意排气系统和热交换器的维护,以避免潜在的安全隐患,比如排气泄漏或热交换器故障。在维护得当的情况下,气暖式供暖系统可以为车内乘员提供快速、有效的温暖,特别是在风冷发动机的车型上。

8.1.3.3　独立燃烧式供暖系统的工作原理

独立燃烧式供暖系统是一种先进的车辆供暖技术,它采用独立于发动机的燃烧系统为车内提供舒适的暖风。这种系统不仅可以在车辆停车状态下维持车内温暖,还可以减少发动机负荷,提高燃油效率,从而为驾驶者和乘客创造更加舒适的驾乘环境。

独立燃烧式供暖系统的工作原理基于燃烧炉和热交换器技术。系统中包含一个小型的燃烧炉,它燃烧汽油或柴油,产生高温热能。燃烧炉通常安装在车辆的引擎舱内,但与发动机分开,不依赖于发动机的运行。燃烧炉燃烧产生的热能被传递到热交换器中。

热交换器是独立燃烧式供暖系统的关键部件,它负责将燃烧产生的热能转移给通过系统循环的空气。热交换器的设计使得它能够高效地将热能传递给车内的空气,使空气迅速升温。然后,热空气通过风扇被送入车内,为驾驶者和乘客提供舒适的暖风环境。

独立燃烧式供暖系统具有多项优势。它不受发动机运行状态的影响,可以在车辆停车或急速状态下工作,为车内提供持续的暖风。该系统可以减轻发动机负荷,因为其不依赖发动机供暖,从而提高了燃油经济性,减少了燃料消耗和排放。由于热交换器的高效传热设计,系统能够迅速升温,为驾驶者和乘客创造一个温暖舒适的驾乘环境。

独立燃烧式供暖系统也存在一些挑战和注意事项。系统需要额外的燃烧炉和热交换器等组件，可能增加车辆制造成本。燃烧过程产生的废气需要进行处理，以确保不对环境造成污染。系统的维护和保养也需要特殊的技术和知识，以确保其正常运行。

独立燃烧式供暖系统是一项创新的汽车供暖技术，通过独立的燃烧过程为车内提供暖风，为驾驶者和乘客创造更加舒适的驾乘环境。尽管存在一些挑战，随着技术的不断发展，这种供暖系统有望在未来成为更加普遍的选择，显著提升车辆的供暖效果和能源利用效率。

8.2 不同空调系统的构成与工作原理

电动汽车的空调系统在基本原理上与传统汽车类似，但也有一些独特之处，特别是电动汽车完全依赖电池作为能源。以下是电动汽车中几种不同类型的空调系统。

8.2.1 电动压缩机驱动的空调系统

8.2.1.1 电动压缩机驱动的空调系统的构成

电动压缩机在电动汽车的空调系统中起着关键作用，它由电动机驱动，而不依赖传统汽车的内燃机。这种电动压缩机主要由高效电动机、压缩机轴、制冷剂和电控单元组成。电池提供电力，使得压缩机可以在不同的速度和负载条件下工作。相较于内燃机驱动的压缩机，电动压缩机可以更精准地控制制冷剂的流量和压力，从而实现更高的能效和舒适度。它也可以在车辆停止或低速行驶时继续运行，不会消耗车辆的动力，这对于电动汽车的续航里程尤为重要。

冷凝器是空调系统中的一个重要部分，它负责将制冷剂从蒸发态转变为液态。当制冷剂通过压缩机被压缩并升温后，高温高压的气体制冷剂流入冷凝器，在冷凝器中，制冷剂释放热量给外部环境，并凝结成液体状态。这个过程可以简单地描述为热量从制冷剂流向环境。

电动压缩机通过调整制冷剂的压缩比和流量来控制制冷循环的效率和制冷能

力。在冷凝器中，制冷剂在液态状态下释放热量，这使得冷凝器的设计和构造需要具备良好的散热性能。一般来说，冷凝器通常由螺管状的管道和外部散热片组成，这些散热片通过风扇或其他冷却装置促进空气充分流动，以促进热量的传递和散发。

电动压缩机通过其电动驱动系统可以更精确地控制制冷剂的压缩过程，从而提高空调系统的能效和性能。电动压缩机相对于传统的机械驱动压缩机，能够更灵活地适应不同负荷和环境条件，使得空调系统在不同工况下都能保持高效运行。

蒸发器是空调系统中另一个重要的组件，它负责吸收热量并将制冷剂从液态转变为蒸汽态，从而实现冷却效果。当电动压缩机开始工作时，它会将低压低温的制冷剂从蒸发器中抽吸出来，在蒸发器中，制冷剂吸收来自周围环境的热量。这个过程使得制冷剂从液态逐渐转变为蒸汽态，这个吸热过程是通过蒸发剂和室内空气之间的热交换来实现的。

蒸发器的设计通常包括一个薄壁的管道结构，这些管道能够有效地将制冷剂暴露在与室内空气接触的表面上，以便实现高效的热交换。制冷剂在与室内空气接触时，能够迅速吸收室内热量并转变为蒸汽态。

电动压缩机的作用是提供足够的压力和流量，使得制冷剂能够在蒸发器中持续循环并吸收热量。通过控制电动压缩机的运行，空调系统可以调整蒸发器中的制冷剂流量和压力，从而实现对空调系统整体性能的精确控制。

电动压缩机通过驱动空调系统中的蒸发器，实现了制冷剂的蒸发和热吸收过程，为空调系统提供了冷却效果。这种技术可以提高空调系统的能效和性能，并且电动压缩机具有较高的控制精度，可以更好地适应不同的运行条件和需求。

制冷剂是一种特殊的化学物质，用于在制冷循环中传递热量，从而实现室内温度的调节，制冷剂通常是一种易于气化和液化的物质，具有较低的沸点和蒸发潜热。它能够在低温下蒸发，吸收热量并在高温下冷凝，释放热量。这种特性使得制冷剂在空调系统中能够有效地完成热量传递和温度调节的任务。

当电动压缩机启动时，它会从蒸发器中抽吸低压低温的制冷剂，将其压缩成高压高温的气体，这使得制冷剂的温度升高，在冷凝器中释放热量。随着制冷剂在冷凝器中冷却并转变为液态，它会通过膨胀阀或其他调节装置，再次进入蒸发器。

在蒸发器中，制冷剂吸收热量，从而完成制冷循环。制冷剂在这个循环过程中不断地改变其状态，从液态到蒸汽态，然后再从蒸汽态到液态。电动压缩机的作用是提供足够的压力和流量，以便制冷剂能够在不同的组件之间流动并完成状态转变，从而实现热量的传递和温度的调节。

由于部分制冷剂会对环境产生不良影响，例如温室气体的排放，因此在设计和使用空调系统时，应当考虑使用环保的制冷剂，以减少对环境的不良影响。

电控单元是整个空调系统的控制中枢，它负责监测、调节和控制空调系统的各个组件，以确保系统稳定、高效地运行，并根据环境和用户需求进行自动调节。

电控单元通常由微处理器、传感器、执行器、控制算法和用户界面等组成，下面是关于各部分的简要叙述。

微处理器：电控单元的核心部分是微处理器或控制器，它是一种智能芯片，可以执行预先编程的控制算法，根据传感器输入和用户设置做出决策。微处理器是系统的大脑，决定何时启动电动压缩机、调整制冷剂流量、监测温度和湿度等。

传感器：传感器用于感知系统内外的环境条件，例如室内温度、室内湿度、室外温度、压力等。这些传感器提供实时数据，使得电控单元可以了解系统的工作状态和环境变化，从而做出相应的调节措施。

执行器：执行器是根据电控单元发送的指令来执行任务的装置，例如电动压缩机、风扇、膨胀阀等。电控单元根据传感器数据和控制算法的分析结果，向执行器发送命令以调整制冷剂流动、风速、阀门开度等。

控制算法：电控单元中的控制算法是预先编程的指令集，用于根据传感器数据和用户需求，做出控制决策。这些算法考虑温度差异、湿度、能效等因素，以优化系统的性能和效率。

用户界面：电控单元通常具备用户界面，可以是面板、遥控器、智能手机应用等。用户可以通过界面调整温度设定、风速、模式等参数，以满足个人需求。

电控单元能够根据环境变化和用户设定，在不同的时间和情况下自动调节空调系统的运行，以达到最佳的舒适度和能效比。

8.2.1.2　电动压缩机驱动的空调系统的工作原理

电动压缩机驱动的空调系统是一种现代化的技术方案，它利用电动机来代替传统的机械压缩机，从而实现空调系统的制冷循环。该系统的工作原理涉及多个关键组件和流程。

该系统使用电池作为电能来源，为电动压缩机提供所需的动力。电动压缩机是系统的核心部件，其内部包含电动马达和压缩装置。当系统启动时，电动压缩机开始工作，电动马达将电能转换为机械能，使压缩装置开始运转。制冷剂是实现制冷循环的关键介质，常见的制冷剂包括 R-134a 和 R-1234yf 等，制冷剂在整个系统中不断循环流动，完成从蒸发器到压缩机再到冷凝器的循环过程。系统工作开始时，低压低温的制冷剂从蒸发器中进入电动压缩机。在电动压缩机内，制冷剂被压缩成高温高压的气体状态。这个过程会使制冷剂的温度升高，准备进入冷凝器。冷凝器通过散发热量，将高温高压的制冷剂冷却并转变为液态。在冷凝器中，风扇或其他冷却装置会帮助制冷剂释放热量，使其冷凝成液体。制冷剂在蒸发器中再次蒸发，吸收来自室内空气的热量，从而实现冷却效果。

这种电动压缩机驱动的空调系统通过优化压缩、冷凝和蒸发过程，实现了高效能耗比和环保性能。电动驱动的特点使得系统能够更精确地响应不同负荷和环境条件，提高了系统的能效和性能，为汽车空调系统带来了更加广阔的未来。

8.2.2 热泵空调系统

8.2.2.1 热泵空调系统的构成

热泵空调系统的电动压缩机是系统的核心组件，负责压缩低温低压的制冷剂，将其转变为高温高压的状态。这一过程需要电能，从而实现热量的有效转移，电动压缩机通常分为往复式、螺杆式和离心式等几种类型，各有优缺点。它的效率和可靠性直接影响整个热泵空调系统的性能，电动压缩机在冷暖切换时扮演关键角色，使热泵空调系统不仅能提供冷气，还能供暖。

多向阀门是热泵空调系统中的一个关键组件，主要用于控制制冷剂流动的方向。在制冷模式下，多向阀门使制冷剂沿一定路径流动，以实现室内降温；而在制热模式下，它会改变制冷剂的流动方向，从而使热泵空调系统能够提供暖气。多向阀门通常由电磁铁驱动，通过改变电磁场的方向来实现阀门内部通道的切换。这种切换机制使得热泵空调系统能在一个单一的装置中提供制冷和制热双重功能。多向阀门不仅提高了系统的灵活性和便利性，还有助于提高能效，因为它允许系统在不同模式下最大化利用环境热量。

冷凝器和蒸发器是热泵空调系统的关键热交换器。冷凝器主要用于释放制冷剂中储存的热量到外环境，使其由气态变为液态；蒸发器则用于吸收室内或外部环境的热量，使液态制冷剂蒸发为气态，从而达到降温或供暖的效果。在冷暖模式切换时，这两者的功能可通过多向阀门切换，使冷凝器和蒸发器的角色互换。因此，高效的冷凝器和蒸发器是优化热泵性能、提高能效和确保系统可靠性的关键。

制冷剂是热泵空调系统中用于热量转移的介质。制冷剂在系统中循环，由电动压缩机压缩后通过冷凝器释放热量，并在蒸发器中吸收热量，这一过程使得热泵空调系统能进行高效的热量转移，实现室内冷暖调节，选用合适的制冷剂是提高系统能效和减小环境影响的关键因素之一。近年来，越来越多的研究和产品聚焦于寻找低全球增温潜势（global warming potential, GWP）的制冷剂。

热泵空调系统的电控单元是其核心组件，通过监测和控制系统运行状态，精确调控室内温度、湿度以及风速，以实现舒适的环境调节。通过智能算法和传感器数据，它能高效地调度热泵循环、压缩机运行等，从而提高能效并满足用户需求。

8.2.2.2　热泵空调系统的工作原理

热泵空调系统是一种高效能的室内环境调节技术，其工作基于热泵循环和热能传递的原理。它能在冷暖季节提供舒适的温度，同时具备节能环保的特点。

该系统的工作过程可以分为四个主要阶段：蒸发、压缩、冷凝和膨胀。在蒸发阶段，制冷剂（通常是一种特殊的液体）从低温区域（室内空气）吸收热量，从而将室内空气冷却，制冷剂在蒸发器中蒸发，从液态转变为气态，吸收热量。在压缩阶段，制冷剂被压缩机压缩，使其温度和压力升高。这会导致气态的制冷剂变得非常热，类似于高温高压的气体。在冷凝阶段，热量从高温的制冷剂传递到外部环境，通常通过冷凝器将热量散发到室外空气。制冷剂在这一过程中从气态变回液态，释放出之前吸收的热量。在膨胀阶段，制冷剂通过膨胀阀放松，其温度和压力降低，从而回到低温低压状态，准备重新进入蒸发器进行循环。

这个循环过程不断重复，通过制冷剂的相变和热能传递，实现了室内外温度的调节。热泵空调系统通过逆向的热能传递，能在冷季将热量从室外环境传递到室内,提供暖气;在热季将热量从室内环境传递到室外,提供冷气。

热泵空调系统通过利用热能传递和循环的原理,能够高效地调节室内温度,具备节能、环保的优势,是现代建筑中常用的舒适环境调节技术之一。

8.2.3 正温度系数加热器

8.2.3.1 正温度系数加热器的构成

正温度系数(positive temperature coefficient, PTC)加热元件是一种特殊的电热元件,其电阻随温度升高而显著增加的特性使其得到广泛应用。PTC加热元件的工作原理基于半导体材料的特性,该元件通常由锆酸钡等材料制成。

在正常情况下,PTC加热元件的电阻较低,电流可以流经。但当温度升高时,半导体材料中的晶格结构发生变化,电子的运动受到限制,导致电阻急剧增加。这种对温度敏感的特性使得PTC加热元件在自稳定加热应用中非常有用。PTC加热元件在实际应用中具有多种优点,由于其正温度系数特性,当元件达到一定温度时,其自身的电阻会自动增加,从而减缓加热速率,防止过热。这种特性使得PTC加热元件具有过热保护和过流保护的作用。

PTC加热元件的响应速度相对较快,能够快速达到所需的工作温度,这使得它们被用于许多应用中,如暖风机、汽车座椅加热、家电加热等。

PTC加热元件不需要额外的温控装置,因为其自身的温度敏感性质可以在一定程度上实现自动调节,这降低了系统的复杂性和成本。

PTC加热元件以其正温度系数特性,在自稳定加热应用中发挥着重要作用。它们在多个领域中提供了可靠、高效的加热解决方案,成为现代科技和工程中不可或缺的一部分。

PTC加热器通常配备风扇,以进一步增强加热效果和温度分布均匀性,这些风扇有助于将空气引导到PTC加热元件周围,从而加速热量传递和分布。风扇的作用是将周围的冷空气引入,经过PTC加热元件加热后,产生热空气流向室内空间。

风扇的运转可以提高空气循环,使热量更加均匀地分布在整个空间,从而避免了热点和冷点的出现。此外,风扇还可以帮助加速房间内的空气流动,从而更迅速地将温暖空气传递到各个角落，提高整体加热效率。这在许多应用中都非常有用，如暖风机、汽车座椅加热器等。

风扇通常与PTC加热器的温度控制系统相连接，人们可以根据实际需要调整风扇的运转速度，从而实现更精准的温度控制并节省能量。综上所述，PTC加热器配备的风扇在加强加热效果、提高温度均匀性以及实现更高效的温度控制方面发挥着关键作用。

PTC加热器的电控单元是其关键组成部分，负责监测和调节加热系统的运行。电控单元通常包括温度传感器，用于实时监测PTC加热器的工作温度。根据传感器反馈的温度信息，电控单元能够控制电源输出以调整加热功率，从而维持设定的温度水平。此外，电控单元还包括风扇控制模块，用于调整风扇的运转速度，以增强加热效果和温度分布均匀性。整体而言，PTC加热器的电控单元通过实时监测和智能调节，实现了稳定的加热性能和温度控制，为各种应用提供了高效、可靠的加热解决方案。

8.2.3.2 PTC加热器工作原理

PTC加热器通常由PTC陶瓷材料制成，这种材料在达到特定温度时，其电阻急剧增加，从而自然限制了通过加热器的电流，实现自我调节加热。PTC加热器正是基于PTC材料这种电阻随温度的升高而增加的特性开展工作的。当PTC加热器通电时，电流会流经PTC材料，由于其具备一定的电阻，因此会产生热量，使得加热器开始加热。在初始阶段，由于PTC材料的温度较低，其电阻相对较小，因此可以通过较多的电流，产生较多的热量。随着材料温度的升高，其电阻也随之增加，导致通过的电流减少，从而减少了热量的产生。这个过程持续进行，直到加热器达到预设的温度阈值，一旦达到这个阈值，PTC材料的电阻急剧增加，使得通过的电流大幅减少，几乎达到一个自我维持的状态，其中产生的热量足以维持加热器在该温度下运行，但不足以使温度继续升高。

与传统的电阻丝加热器相比，具备这种自我限制特性的PTC加热器在应用中更安全，因为它能避免电流过大而过热，所以不太可能引起火灾或被烧坏。而且，PTC加热器的自我调节能力意味着它不需要外部的温度控制系统来防止过热，这大大简化了设计需求，减少了制造成本。最重要的一点，由于PTC加热器的电阻是逐渐增加的，因此加热过程是平滑且控制良好的，不会出现突然的温度峰值，使得 PTC 加热器非常适合需要稳定温度源的应用，如室内加热、汽车座椅加热以及某些工业过程。但是，PTC 加热器也存在一些局限性，如它的加热温度受到材料特性的限制无法达到非常高的温度，其加热效率会随着环境温度的变化而变化，不适合应用在非常冷的环境中。

8.2.4 集成暖通空调系统

8.2.4.1 集成暖通空调系统的构成

集成暖通空调（heating ventilation and air conditioning, HVAC）系统由电动压缩机、蒸发器、冷凝器、控制系统、加热系统、辅助系统构成。

电动压缩机负责压缩制冷剂并使其循环流动。电动驱动使其能够高效运行，将低压、低温的制冷剂压缩为高温、高压状态，在冷凝器中释放热量，实现室内外温度控制。

蒸发器的主要功能是将液态制冷剂转化为气态，基于热力学的原理，即当液体蒸发成气体时，它需要从周围环境中吸收能量（热量）。所以，当车内的空气通过蒸发器时，蒸发器吸收空气中的热量，导致空气温度下降，从而制造出冷风。

冷凝器的主要作用是将气态的制冷剂转化回液态，在这个过程中，制冷剂释放它在蒸发器中吸收的热量。具体工作流程是当气态制冷剂进入冷凝器时，它通过一系列管道流动，这些管道暴露在外界空气中，通常还配有风扇来提高热交换效率，从而帮助制冷剂冷却并转换回液态。

控制系统是一个高度复杂和精确的系统，包含一个中央处理单元和多种传感器、控制器。其中，中央处理单元负责接收来自各传感器的数据，并据此控制调节系统，调整温度、空气流量和分配，以提供制冷、加热和通风，保证乘坐人获得最佳的乘坐体验，传感器负责检测车内外的温度、湿度甚至乘客的存在和位置。

加热系统通常采用两种主要形式：电阻加热和热泵系统。电阻加热是通过电阻元件将电能直接转换为热能，结构简单且成本较低，但能耗较高。热泵系统的加热原理与制冷剂循环原理类似，即从外界吸收热量用于加热车内空气，优点在于它可以在加热模式和冷却模式之间切换，从而提高整体能源效率。

辅助系统包括空气过滤系统和风扇系统。空气过滤系统负责清洁进入车内的空气，通过过滤网去除尘埃、花粉、污染物和其他空气中的颗粒。风扇系统则用于促进空气在车内的循环，无论是冷气还是热气都能均匀分布在车厢内，从而提供舒适的温度环境。

8.2.4.2 集成HVAC系统的工作原理

集成HVAC系统将加热、通风和空调技术有机结合，旨在提供卓越的能效和较高的舒适度。这种系统通常融合了多种先进技术，如热泵、变速风扇、智能温控等，以实现更精准的温度和湿度控制，最大限度地降低能源消耗。

集成HVAC系统的核心是其复杂的电控单元和智能软件，它们能够实时监测室内外温度、湿度，甚至用户行为模式，通过数据分析和预测，自动调整运行模式，达到最佳的能源效率和舒适度。此外，该系统还支持远程监控，用户可以通过手机应用或网络界面对系统进行调整，实现个性化的舒适体验。

8.3 电动压缩机的工作方式和特点

8.3.1 电动压缩机的工作方式

在纯电动汽车中，电动压缩机的驱动方式主要分为三种：第一种是非独立式电动驱动方式，即压缩机由主驱动电机通过皮带驱动；第二种是独立式电动驱动方式，即压缩机由单独的小功率电机驱动，这个电机从车辆的蓄电池组获取电力，这种方式可以实现同轴传动或者通过皮带传动；第三种是混合驱动方式。

8.3.1.1 非独立式电动驱动方式

非独立式电动驱动方式通过皮带将空调系统与主驱动电机简单高效地连接在一起，如图8-1所示。这种结构设计易于实现，可直接使用传统机械压缩机，排量和功率与常规设计相匹配。在制冷方面，通过电磁离合器调整压缩机排量，灵活调节制冷效果，同时提高能源利用效率。该驱动方式结构简单、制冷性能好，为电动汽车空调系统提供了可靠的解决方案。

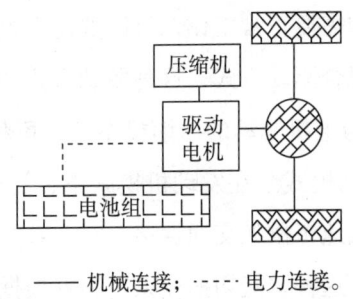

——机械连接；-----电力连接。

图 8-1　非独立式电动驱动方式示意图

8.3.1.2　独立式电动驱动方式

独立式电动驱动方式如图 8-2 所示，单独电机驱动压缩机，使空调系统工作不受整车状态影响。电机功率根据典型制冷负荷匹配，确保高效率运行，制冷量通过电机转速调节，车内负荷需求控制能量输出，降低能耗。

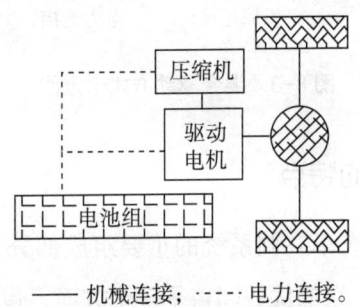

——机械连接；-----电力连接。

图 8-2　独立式电动驱动方式示意图

独立式电动驱动方式根据布置形式分为皮带传动和同轴传动两种方式。同轴传动因其紧凑的结构和电机内置设计，有效减少了制冷剂泄漏问题，在全球范围内广泛应用。

在独立式电动驱动方式下，空调压缩机通过单独电机驱动，提升了布置的自由度。鉴于电动汽车为压缩机提供的空间有限，独立式电动驱动方式更合适。这种方式允许更灵活的装置布局，适应电动汽车有限的空间，并有效提高整体性能。

8.3.1.3　混合驱动方式

对于混合动力车型来说，为保证车厢内的舒适性，空调系统在发动机模式、电动模式以及混合模式下均需要正常工作,可以选用全电动压缩机空调方式,也可以选用另外一种方式,即混合驱动方式,这种驱动方式如图 8-3 所示。

对于采用混合发动机与电机驱动的压缩机系统,可将电机与发动机驱动整合,根据行驶情况自动切换驱动模式。在发动机模式下,压缩机由发动机通过皮带驱动;而在临时停车或持续减速(例如交通拥堵)时,系统切换至电驱动模式,从电池组获取能量驱动压缩机。这种智能切换使系统能够根据实际需求在发动机和电机驱动模式之间转换,提高能效与驾驶灵活性。

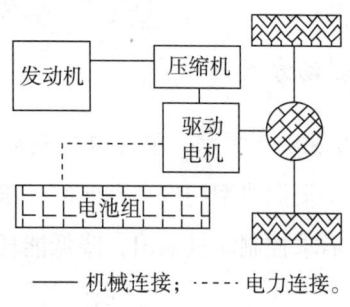

—— 机械连接;----- 电力连接。

图 8-3 混合驱动方式示意图

8.3.2 电动压缩机的特点

电动压缩机作为现代汽车空调系统的重要组成部分,在纯电动汽车和混合动力车型中发挥着关键作用。它的优势涵盖了多个方面,包括能效、环保性、设计灵活性、驾乘舒适性等。

能效与环保性:电动压缩机具备较高的能效和显著的环保性,传统内燃机驱动的压缩机需要直接从引擎取力,造成额外的机械损失和热量损耗。而电动压缩机能够独立驱动,不受发动机负荷影响,提高了压缩机的效率,减少了能源浪费,同时降低了汽车尾气排放,符合环保要求。

独立驱动与集成性:电动压缩机由电动机单独驱动,不依赖发动机转速,因此在各种工况下都能够实现稳定的制冷效果。这种独立性为车辆设计提供了更大的灵活性,可以更好地优化布局和空间利用。此外,电动压缩机的集成性也提高了系统的整体紧凑性,有助于减少制冷剂泄漏风险和能量损耗。

驾乘舒适性:电动压缩机可以根据实际需要在不同工况下调整制冷量,实现精确的温度控制，提升驾乘舒适性。无论是高速行驶还是怠速等待，系统都能够根据内外部环境变化快速响应，保持稳定的温度和湿度，满足乘客对舒适性的要求。

动力管理与智能控制：电动压缩机的工作可以通过智能控制系统进行动态管理。在混合动力车型中，系统可以根据电池状态、发动机工作模式和车速等因素自动切换压缩机工作模式，以实现最佳的能源利用和驾驶性能。这种智能化管理有助于提高综合能效，延长电池寿命。

静音性能：电动压缩机的工作通常较传统的机械压缩机更为安静。由于电动驱动消除了机械噪声，再加上更精细的控制系统，使得车内的噪声水平得到有效降低，提升了驾驶的舒适性。

随着电动汽车市场的不断扩大，电动压缩机的应用前景更加广阔，它不仅有助于提高电动汽车的能效，还推动着汽车行业向可持续发展方向迈进。随着技术的不断发展，电动压缩机的性能和效率还有望进一步提升，为未来的汽车制冷系统带来更多创新。电动压缩机作为现代汽车空调系统的一项重要技术创新，具备多方面的特点和优势，包括能效、环保性、驾乘舒适性、智能控制和未来发展潜力等。它不仅适用于纯电动汽车，也为混合动力车型提供了更高效、更环保的制冷解决方案。随着电动汽车技术的不断进步，电动压缩机将继续在汽车制冷领域发挥重要作用，为驾驶者提供更为舒适和环保的出行体验。

单元 9　电动汽车转向系统

9.1　电动助力转向系统

电动助力转向系统（electric power steering，EPS）在机械转向系统基础上加入电机减速器、方向盘传感器和电控单元，实现更智能的转向辅助。如图 9-1 所示，在转向轴上，设有转矩传感器和减速器，电动机通过花键与减速器连接。转向操纵机构底部有转向器和转动传动机构。电控单元利用车速信号和转矩传感器输出信号，识别驾驶员意图，以控制电动机电流，实现适当的转矩输出，通过减速器直接施加在转向轴上。整合这些元素，该系统能够为车辆提供精准的电动助力转向，提升驾驶操控体验。

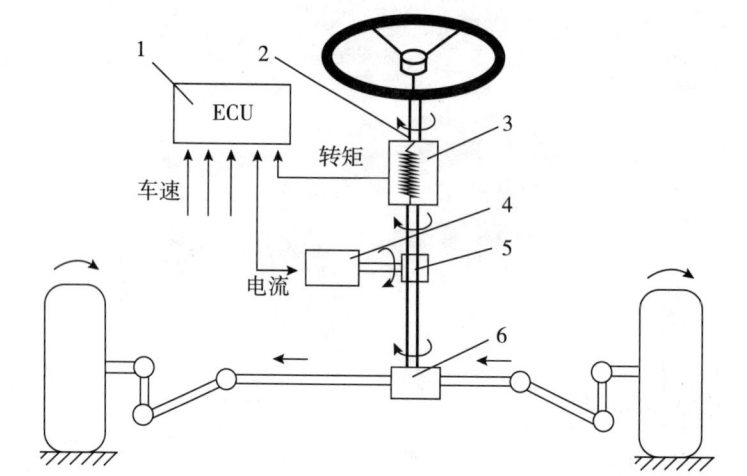

1—电控单元；2—转向轴；3—转矩传感器；4—电动机；5—减速器；6—转向器。

图 9-1　电动助力转向系统结构示意图

电动助力转向系统具有以下优点：

第一，只在转向时电机才提供助力，可以显著降低燃油消耗。

第二，转向助力大小可以通过软件调整，能够兼顾低速时的转向轻便性和高速时的操纵稳定性，改善转向回正特性。但是，电动助力转向系统仍属于机械连接的范畴，无法摆脱机械连接的限制。

电动助力转向系统无人化改造具体实现方案一般有三种。

第一种，利用伺服电机带动转向柱或转向盘进行转动，对伺服电机进行实时位置控制达到自动转向的目的，如图9-2所示。改装的优点是系统稳定，容易实现；但缺点也很明显，需要一定的安装空间。

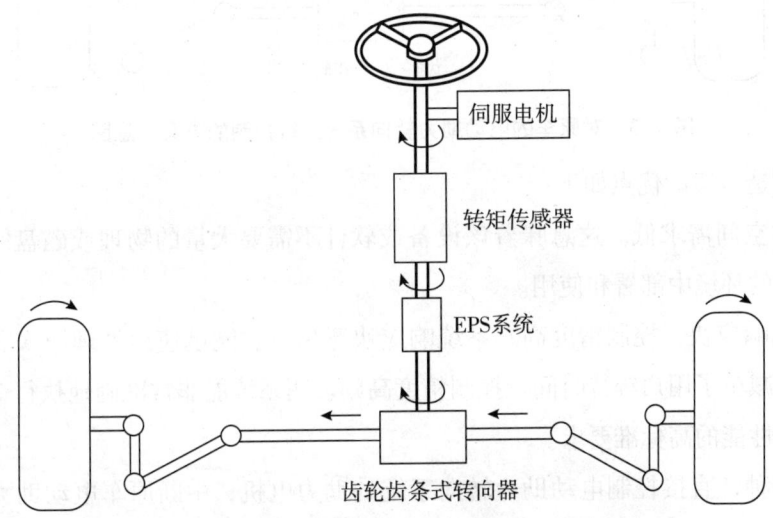

图9-2 在转向柱或转向盘上外加伺服电机方案示意图

第二种，对现有车辆的电动助力转向系统进行调控。通过对车辆原有的电动助力转向系统控制器进行测试和分析，可以获得转矩传感器输出信号模式以及其与电动助力转向系统控制器之间的接口情况。基于这些信息，一个解决方案被提出：将原车的转矩传感器与电动助力转向系统控制器的信号输入分离，通过自行设计的控制器，根据特定算法模拟出伪造的转矩信号，并将其输入电动助力转向系统控制器中。通过这种方式，人们能够实现对原有电动助力转向系统的控制，从而达到对转向系统调控的目的，如图9-3所示。

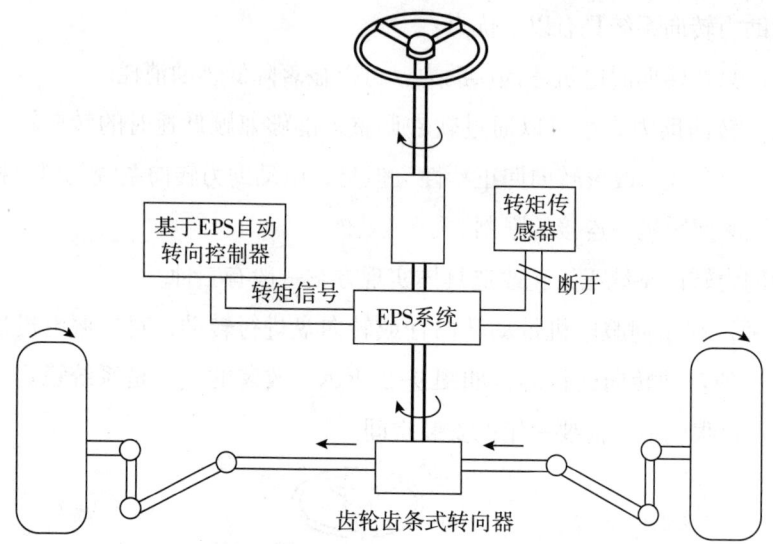

图9-3 对原车的电动助力转向系统进行控制的方案示意图

此改造方案的优点如下：

安装空间需求低。这意味着该设备或软件不需要大量的物理或磁盘空间，便于在有限的环境中部署和使用。

系统响应快，控制精度高。系统响应快意味着它能迅速地处理输入和产生输出，大大减少了用户等待时间。控制精度高则表明系统能非常准确地执行命令，满足用户对性能的高标准要求。

第三种，直接控制电动助力转向系统的助力电机，中断原车电动助力转向系统控制器对助力电机的指令，采用自行设计的电机控制器代替电动助力转向系统，实现对助力电机位置的伺服控制，从而改进整体转向系统的性能与效率，如图9-4所示。

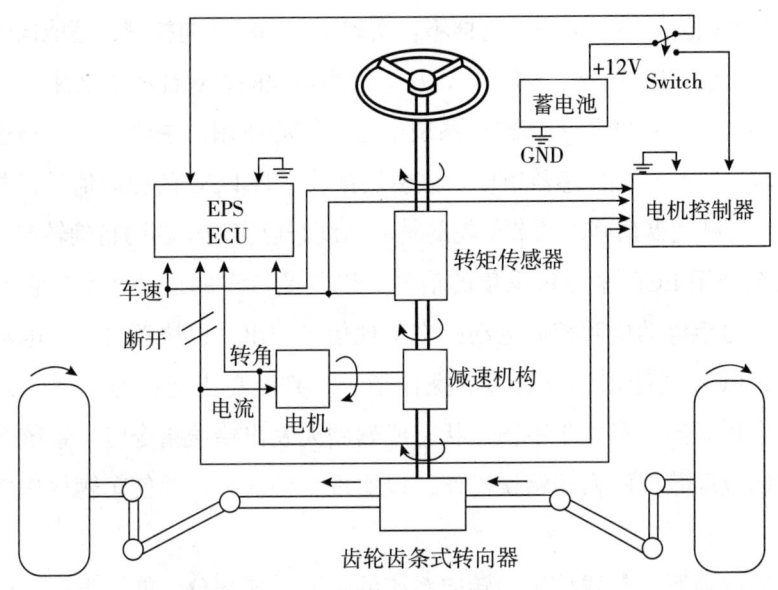

图 9-4 直接对电动助力转向系统的助力电机进行控制的方案示意图

9.2 线控主动转向系统

线控主动转向系统是一种没有机械连接的转向系统,其中驾驶员的转向指令和车辆状态通过传感器获取并发送到车载 ECU。ECU 分析这些数据并输出信号以控制前轮的转动,从而实现车辆的转向。这种转向系统被视为柔性和智能化的,能够提高车辆的操控性和智能水平。

9.2.1 线控主动转向系统的结构和工作原理

9.2.1.1 线控主动转向系统的结构

线控主动转向系统主要由转向盘模块、前轮转向模块、ECU、自动防故障系统、电源系统等组成。

转向盘模块是一个多组件系统,包括转向盘组件、转角传感器、转矩传感器以及回正力矩电动机。这个模块的主要职责是捕捉转向盘的转角和转矩,并将这些信息转化为数字信号发送至 ECU。同时,ECU 也会根据需要向回正力矩电动机发送指令，产生相应的回正力矩，这样不仅实现了精确的转向控制，还能向驾驶员提供路面状况信息，使其获得"路感"，从而提高驾驶的直观性和安全性。

前轮转向模块在线控主动转向系统中起着核心作用，主要由转向马达、转向减速器、转向臂和相关传感器组成。该模块接收来自 ECU 的控制信号，并通过转向马达和转向减速器精确地调节前轮的转向角度，以实现车辆的精确转向。

该系统利用 ECU 来分析采集的信号，以判断汽车的运动状态。它通过控制转向盘回正力矩电动机和转向电动机来实现信号输出，以协调这两个电动机的工作。此外，ECU 还能识别驾驶人的操作指令，判断在当前状态下驾驶人的转向操作是否合理。当汽车处于不稳定状态或驾驶人发出错误指令时，系统会自动进行稳定控制或屏蔽驾驶人的错误操作，以实现自动驾驶，并使车辆尽快恢复稳定状态。

自动防故障系统是线控主动转向系统的重要组成部分，能够根据不同的故障类型和严重程度，采取相应的应对措施，以确保汽车能够持续安全运行。线控转向技术通过严密的故障检测和处理逻辑，有效提升了汽车的安全性能。该系统能够在面对各种故障情况时，自动做出适当的响应，以最大限度地保障车辆的正常行驶。

电源系统是为 ECU、两台执行电动机及其他车用电器供电的关键。前轮转角电动机的功率高达 500～800 W，加上其他车载电子设备，系统在高负荷情况下仍需保持稳定运行。确保电源系统稳定工作对于维持整车性能至关重要，因此需要有效的电力管理和负载分配策略，以满足车辆各项功能的需求。

9.2.1.2 线控主动转向系统的工作原理

如图 9-5 所示，在驾驶人转动转向盘时，系统将转向盘转角传感器、横摆角速度、侧向加速度、车速和前轮转角信号一并传输至 ECU。ECU 通过数据分析和计算，确定路感电动机电流，用于产生电动机转矩以模拟路感。同时，ECU 计算转向执行电动机电流，以实现转向功能，实现人—车—路闭环控制。这个过程确保驾驶人操纵转向时获得适当的反馈，同时使车辆在复杂路况下保持稳定性和安全性。

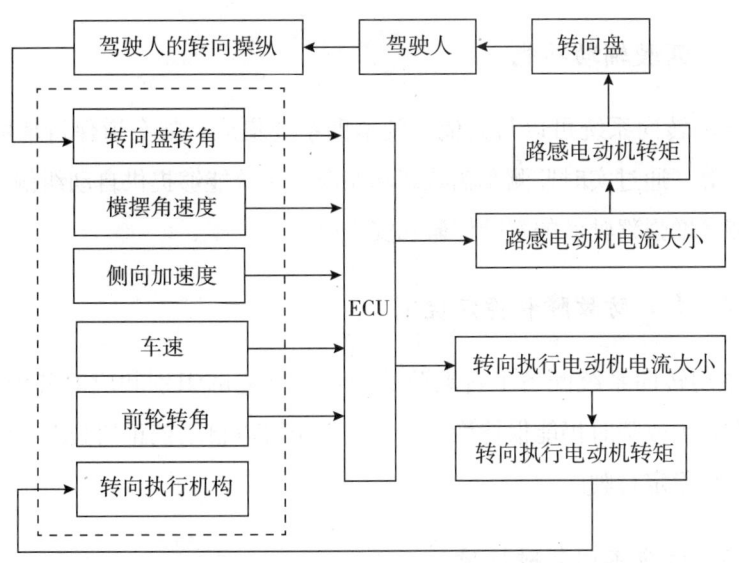

图 9-5 线控主动转向系统工作原理框图

9.2.2 线控主动转向系统的特点

线控主动转向系统是现代汽车中的一项关键技术,具有许多特点,旨在提高驾驶体验、安全性和车辆性能。以下将详细叙述线控主动转向系统的特点。

9.2.2.1 精准的转向控制

线控主动转向系统采用电动机控制转向,相较于传统的机械式转向系统,能够实现更加精确和灵活的转向控制。当驾驶者转动方向盘时,系统能够准确地转动前轮,从而提供更好的驾驶操控性和路感反馈。

9.2.2.2 智能化反馈

线控主动转向系统可以通过传感器获取车辆状态信息,如车速、横摆角速度、侧向加速度以及驾驶者的转向操作等。系统通过数据分析和计算,为驾驶者提供智能化的转向反馈,使驾驶过程更加安全和舒适。

9.2.2.3 驾驶辅助功能

线控主动转向系统可以与其他驾驶辅助系统集成，如车道保持辅助系统、自动驾驶系统等。通过实时监测车辆状态和路况，系统能够提供自动纠偏、自动保持车道等功能，增强驾驶者的驾驶体验和安全感。

9.2.2.4 自动防故障和稳定控制

线控主动转向系统配备了自动防故障系统，能够识别和应对各种故障情况，确保车辆在发生故障时仍能保持稳定控制。系统可以自动校正驾驶者的错误转向操作，保证车辆稳定行驶。

9.2.2.5 适应不同驾驶情境

线控主动转向系统可以根据驾驶情境进行智能调整。在高速公路上，系统可以提供更轻盈的转向，减轻驾驶者的劳累感；而在城市交通拥堵时，系统可以提供更大的转向助力，方便转弯和停车。

9.2.2.6 节能和环保

与传统液压助力转向系统相比，线控主动转向系统利用电动机驱动，减少了液体泄漏和能量损失，从而提高了能源利用效率，降低了能源消耗和环境影响。

9.2.2.7 平滑的转向过程

线控主动转向系统可以实现平滑连续的转向过程，消除了传统机械系统中的一些阻尼和不连续感。这使驾驶者能够更加流畅地进行转向操作，提高驾驶舒适性。

线控主动转向系统通过集成先进的电子技术和智能算法，为驾驶者提供了更高水平的驾驶控制、安全性和舒适性。其精准的转向控制、智能化的反馈、驾驶辅助功能以及自动防故障能力，使其成为现代汽车中的关键技术之一。

单元 10　电动汽车充电系统及氢气加注系统

10.1　充电基础设施的主要充电模式

电动汽车充电系统根据电能传递方式分为有线充电和无线充电两大类。其中，主流方式为有线充电，根据充电电流强度和速率的不同，有线充电又分为常规充电和快速充电两种。常规充电是一种较为普遍的充电方式，充电时间较长，适合日常使用；而快速充电则以更高的充电电流和速度运作，能够迅速为电动汽车充电，但也可能对电池产生一定的影响。有线充电在电动汽车充电系统中占据主导地位，而无线充电技术尚处于发展阶段，有望在未来成为一种便捷的充电选择。

根据安装位置，充电设备可划分为车载式和非车载式（地面固定式）充电装置。车载式充电装置，也称为车载充电器，是电动汽车充电系统的一个重要组件，它负责将来自外部电源的交流电（AC）转换为直流电（DC），给车辆的电池充电。这种设备使得电动汽车可以使用普通的家用或公共交流电源进行充电，而不是仅限于专用的直流快充站。非车载式充电装置通常具有较大的功率、体积和重量，以适应多样充电方式。电动汽车充电模式根据电池技术和使用特性，主要包括常规充电、快速充电、无线充电和电池组快速更换充电。这些技术不断演进，为电动汽车充电提供多样选择，满足不同需求。

10.1.1　常规充电

常规充电，也被称为慢充，是指电动汽车通过交流充电桩进行充电的方式。

该方法常用交流电源，在蓄电池放电后，采用小电流的恒流或恒压方式进行充电，充电电流通常约为蓄电池容量的 0.2 倍（例如，容量为 75 A·h 的电池充电电流约为 15 A）。充电时间一般为 5～8 h，有时甚至可延长至 10 h，特殊情况下最长不超过 24 h。因此，常规充电通常用于晚间，以充分利用电力低谷时段，降低充电成本，提升充电效率，延长电池使用寿命。电动汽车家用充电设施（车载充电机）和小型充电站常采用此方式。车载充电机能够使用市电电源进行充电，该装置通常作为标准配置放置在车辆后备箱或固定于车辆上，以便随时进行充电。然而，由于充电时间较长，难以满足紧急或长途行驶的需求，该充电模式在实际应用中存在一定的局限性。

10.1.2 快速充电

快速充电采用非车载充电机，以直流大电流方式直接向动力电池充电，使电池在短时间内充至约 80% 的电量，因此又被称为应急充电。通常使用 150～400 A 的直流电流，在 20 min 到 2 h 内完成充电过程。快速充电的迅速特性使得电池在短时间内（15～30 min）即可充至储能量的 80%～90%，与加油时间相近，因此在建设相应的充电站时，无须配备大面积的停车场。这种充电方式的最大优势在于显著缩短充电时间，同时可适度增加电池容量，提升汽车的启动性能。

10.1.3 无线充电

无线充电技术起源于无线电力传输技术，涉及电磁感应、电磁共振、射频、微波、激光等方式，以实现非接触式的电能传输。电动汽车的无线充电原理如图 10-1 所示。根据供电距离，无线电力传输分为短程、中程和远程传输三类。这项技术为电动汽车充电提供了便利，通过不同的无线电力传输形式，使充电过程更加灵活和高效。

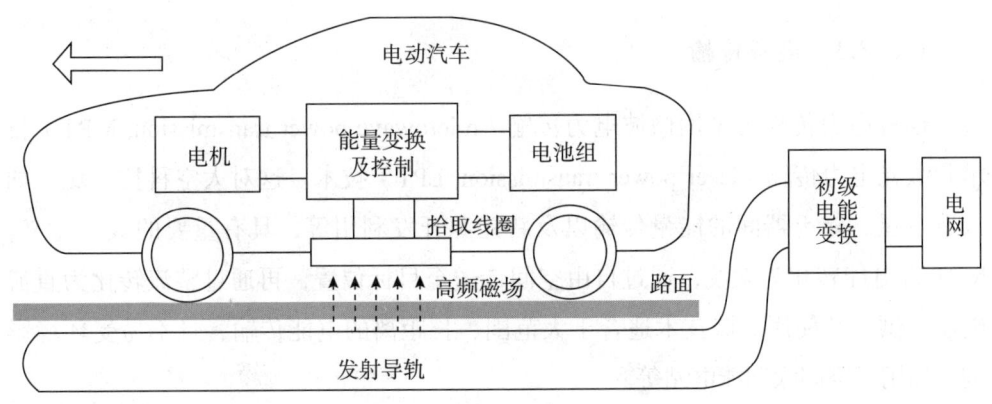

图 10-1 电动汽车无线充电原理

10.1.3.1 短程传输

电磁感应电力传输（inductively coupled power transmission, ICPT）技术利用磁场实现，主要适用于为小型便携电子设备供电。该技术通过可分离变压器耦合，使初级和次级线圈感应产生电流，再利用电磁场穿透非金属物体，实现电能传输。这样，能量从传输端转移到接收端，无须电气连接。ICPT 传输功率高，可达数百千瓦，但受制于供电端和受电端距离，传输距离上限约为 10 cm。

10.1.3.2 中程传输

电磁耦合共振电力传输（electro-magnetic resonant power transmission, ERPT）技术和射频电力传输（radio frequency power transmission, RFPT）技术为中程传输提供了技术支持，适用于手机、MP3 等设备。ERPT 技术基于电磁共振，即使接收天线的固有频率与发射场的电磁频率达到共振状态，通过强电磁耦合来实现高效电能传输。与电磁感应型相比，ERPT 使用的磁场要弱得多，传输功率可达数千瓦，能够实现更远距离的传输，传输距离可达 3~4 m。RFPT 技术通过功率放大器发射射频信号，经过检波和高频整流后获得直流电，供设备负载使用。RFPT 传输距离相对较远，可达 10 m，但传输功率较低，通常在几 mW 至百 mW。这些技术提供了多种无线电能传输的选择，能够满足不同设备的中程传输需求，为便携式电子设备的使用带来了更大的便利性。

10.1.3.3 远程传输

远程电力传输可采用微波电力传输（microwave power transmission, MPT）技术和激光电力传输（laser power transmission, LPT）技术。这对太空科技领域，如人造卫星、航天器间的能量传输以及新能源开发利用等，具有重要的战略意义。MPT 将电能转化为微波，通过自由空间传送至目标位置，再通过整流转化为直流电能，供负载使用。该技术适合于大范围、长距离的电能传输，且不易受环境影响，如用于空间太阳能电站等。

LPT 利用激光能携带大量的能量，以较小的发射功率实现远距离电能传输。激光具有强方向性和能量集中的特点，不存在干扰通信卫星的风险。然而，障碍物可能影响激光与接收装置之间的能量交换，且射束能量在传输过程中会有部分损失。这些技术为远程电能传输提供了多种选择，特别适用于太空科技领域，为能源传输和开发开辟了新的前景。

10.1.4 电池组快速更换

电池组快速更换，也称为机械充电模式，是指使用充满电的蓄电池替换已耗尽电量的蓄电池，操作时间为 5~10 min。这种快速更换方式极为便捷，但需要电动汽车和车载电池实现标准化，且需要专业人员操作。快速更换可以在充电站或专用电池更换站进行。该方式的优势在于无须现场充电，电池更换时间短，但要求电池的外形和容量等参数完全一致，同时需要电动汽车的设计便于电池更换。电池组快速更换主要适用于出租车或电池租赁等领域。

车主可根据具体的需要选择相应的充（换）电方式。充（换）电方式的比较如表 10-1 所示。

表 10-1 充（换）电方式比较

方式	优缺点
常规充电	优点：交流充电模式，利用照明系统充电，在家里、停车场都可以进行充电，可在电力低谷段充电，节约成本。对电池的损害较小，可延长电池的使用寿命 缺点：充电电流小，充电时间较长，不能满足紧急情况，对用户来说不是很方便

续 表

方式	优缺点
快速充电	优点：直流充电模式，可对电池进行大电流快充，充电速度快，时间短，可满足紧急情况的车辆充电需要 缺点：充电电流很大，频繁快速充电对电池寿命有一定影响，同时对充电技术和充电安全性要求高，充电设施成本较高，适用于标准的充电站
无线充电	优点：不用布线，节省了大量空间 缺点：传输功率小，受制于传输距离；无线充电技术尚属前沿技术，仅试点运营，产业化尚未实现；无线充电硬件投资大且需要专业维护
电池组快速更换	优点：一般可在几分钟内完成电池更换，便捷性高；因对电池集中充电故可采取慢充方式，这可避免快充引起的电池寿命缩短问题，也可避免大规模电动汽车随机充电对电网运行带来的不利影响 缺点：存在要求电池标准统一的问题；换电站的建设既要考虑地价因素及交通便利性，又要顾及电网接入的问题，站址选择不够灵活；换电站均需配置充电机、换电设备等，投资大且需要专业维护，日常运营成本高

10.2 充电基础设施的主要接口标准

随着各国对电动汽车的支持力度越来越大，充电桩的建设越来越多，欧洲、美国、中国、日本四大区域分别推出了充电标准。而特斯拉的电动汽车发展较早，保有量极大，所以自己设计了一套充电标准。因此，目前全球主要有五大充电标准。

五大充电标准分别是基于 GB/T 20234 的中国标准、基于 SAE J1772 的北美标准 CCS1、基于 IEC 62196 的欧洲标准 CCS2、基于 CHAdeMO 的日本标准和基于 NACS 的特斯拉标准。各地区的充电标准不一致导致了在进行电动汽车充电接口的设计时不同地区或市场的充电标准都需要满足，否则就无法进行充电且不满足其标准法规的要求。本书主要对中国的充电接口和接口电路（握手电路）进行介绍。

中国的电动汽车充电接口和握手电路的参考标准分别是 GB/T 20234 和 GB/T 18487.1。其中交流充电接口的电压最大为三相 440 V AC，电流最大为 63 A AC；而直流充电接口的电压最大为 1 500 V DC，电流在自然冷却下最大为 300 A DC，主动冷却下最大为 800 A DC。表 10-2、表 10-3 为中华人民共和国国家标准（以下简称"国标"）中交流、直流充电接口的额定值。

表 10-2　交流充电接口的额定值

额定电压 /V	额定电流 /A
250	10/16/32
440	16/32/63

表 10-3　直流充电接口的额定值

额定电压 /V	额定电流 /A
750/1 000/1 500	自然冷却条件下：10、16、25、32、50、80、125、200、250、300
	主动冷却条件下：200、250、300、400、500、600、800

表 10-4 与表 10-5 为国标中交流、直流充电接口触头的电气参数及功能定义。

表 10-4　交流充电接口触头电气参数值及功能定义

触头编号 / 标识	额定电压和额定电流	功能定义
1/（L1）	250 V 10 A/16 A/32 A	交流电源（单相）
	440 V 16 A/32 A/63 A	交流电源（三相）
2/（L2）	440 V 16 A/32 A/63 A	交流电源（三相）
3/（L3）	440 V 16 A/32 A/63 A	交流电源（三相）
4/（N）	250 V 10 A/16 A/32 A	中线（单相）
	440 V 16 A/32 A/63 A	中线（三相）
5/（⏚）	—	保护接地（PE），连接供电设备地线和车辆电平台
6/（CC）	0～30 V 2 A	充电连接确认
7/（CP）	0～30 V 2 A	控制导引

表 10-5 直流充电接口触头电气参数值及功能定义

触头编号/标识	额定电压和额定电流	功能定义
1/(DC+)	按表 10-3	直流电源正,连接直流电源正与电池正极
2/(DC−)	按表 10-3	直流电源负,连接直流电源负与电池负极
3/(⏚)	—	保护接地(PE),连接供电设备地线和车辆电平台
4/(S+)	0～30 V 2 A	充电通信 CAN_H,连接非车载充电机与电动汽车的通信线
5/(S−)	0～30 V 2 A	充电通信 CAN_L,连接非车载充电机与电动汽车的通信线
6/(CC1)	0～30 V 2 A	充电连接确认 1,连接非车载充电机与电动汽车的控制器
7/(CC2)	0～30 V 2 A	充电连接确认 2,连接电动汽车的控制器
8/(A+)	0～30 V 10 A	低压辅助电源正,连接非车载充电机为电动汽车提供的低压辅助电源
9/(A−)	0～30 V 10 A	低压辅助电源负,连接非车载充电机为电动汽车提供的低压辅助电源

图 10-2 与图 10-3 分别为国标中交流与直流充电接口触头定义。

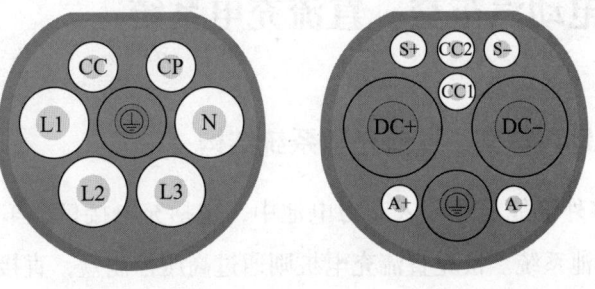

图 10-2 交流充电接口触头   图 10-3 直流充电接口触头

为适应目前国内超充大功率的要求，在新修订的标准中，增加了液冷的要求，以满足 500 A 及以上的电流要求，随着新标准的即将发布，国内将结束超充无标准可依的情况，彻底解决充电接口认证只能按照 250 A 电流标准的尴尬局面。不同的连接方式，接口电路稍有差异，但是它们的原理都是一致的。

表 10-6 为电动车辆检测的占空比与充电电流限值之间的映射关系。

表 10-6 电动车辆检测的占空比与充电电流限值之间的映射关系

占空比 D	最大充电电流 I_{max} / A
$D < 3\%$	不允许充电
$3\% \leqslant D \leqslant 7\%$	5%的占空比表示需要数字通信，且需在充电前在充电桩和电动汽车之间建立。没有数字通信不允许充电
$7\% < D < 8\%$	不允许充电
$8\% \leqslant D < 10\%$	$I_{max} = 6$
$10\% \leqslant D \leqslant 85\%$	$I_{max} = (D \times 100) \times 0.6$
$85\% < D \leqslant 90\%$	$I_{max} = (D \times 100 - 64) \times 2.5 , I_{max} \leqslant 63$
$90\% < D \leqslant 97\%$	预留
$D > 97\%$	不允许充电

10.3 电动汽车交、直流充电系统

10.3.1 电动汽车交、直流充电系统结构

充电系统将外部能量转存入动力电池中，包括充电接口、车载充电机、高压控制盒、动力电池系统。快充直流充电桩则通过高压控制盒，直接向动力电池直流充电。

目前,纯电动汽车的充电设备主要包括交流充电桩、直流充电桩和车载充电机。交流充电桩需要与车载充电机连接,为电动汽车的动力电池充电。车载充电机具备灵活的充电能力,结构简单且体积小,适应恶劣的工作环境,但功率通常较为有限。直流充电桩将公共电网提供的交流电能转化为直流电能,为电动汽车的蓄电池充电,功率较大,体积相对较大,其中核心部分为充电电源模块。这些充电设备的发展使得电动汽车充电更为便捷和灵活,满足不同场景下的充电需求。

10.3.2 直流充电接口

直流充电接口可迅速为车辆充能。非车载充电机将交流电转化为直流电,通过含有九个触头的直流充电接口为车辆充电,直流充电接口示意图如图10-4所示。

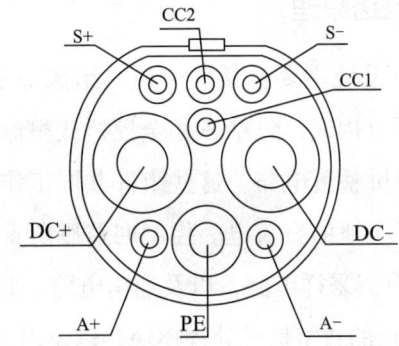

DC+—直流电源正触头;DC-—直流电源负触头;S+—充电通信CAN_H触头;
S-—充电通信CAN_L触头;A+—低压辅助电源正触头;PE—保护接地触头;
A-—低压辅助电源负触头;CC1—充电连接确认触头1;CC2—充电连接确认触头2。

图 10-4 直流充电接口示意图

直流充电接口的启动过程通常包括以下步骤。

第一,插入连接器。用户将直流充电连接器插入车辆的充电接口。

第二,通信与识别。车辆和充电设备之间进行通信和识别,以确保安全和正确的充电。这涉及车辆和充电设备之间的信息交换,包括电池状态、充电需求等。

第三,电气连接。一旦通信和识别完成,充电设备会建立电气连接,确保电能可以从充电设备传输到车辆的电池系统。

第四,功率协商。车辆和充电设备根据车辆的充电需求以及充电设备的最大输出功率协商充电功率。

第五，电池充电。充电设备开始向车辆的电池系统提供直流电能，以满足车辆的充电需求。

第六，充电监控。在充电过程中，车辆和充电设备可能会进行实时监控，以确保充电过程的安全和稳定性。

第七，充电结束。一旦车辆的电池达到设定的充电水平，或者用户手动停止充电，充电过程结束。

第八，断开连接。充电完成后，用户将连接器从车辆的充电接口拔出。

整个直流充电接口的启动过程涉及多个步骤，确保了充电安全、高效地进行，同时为用户提供了便利的充电体验。

10.3.3 直流充电电路原理

电动汽车的直流充电系统主要包括两个核心组成部分：主回路和控制回路。主回路主要由四个关键环节构成，包括三相全控桥式整流电路、全桥移相逆变电路、变压器以及另一个全桥整流电路。这些组件共同工作，将公共电网提供的交流电转换为适用于充电蓄电池的直流电。控制回路则负责系统的精细调控，包括PWM控制电路、电压和电流采样电路，以及通信电路。此外，控制回路还包括一个用于数据处理和指令执行的数字信号处理模块，以及用于用户交互的显示和键盘电路。这两个回路协同作业实现了电动汽车蓄电池的有效和安全充电。图10-5展示了主回路和控制回路两部分的组成。

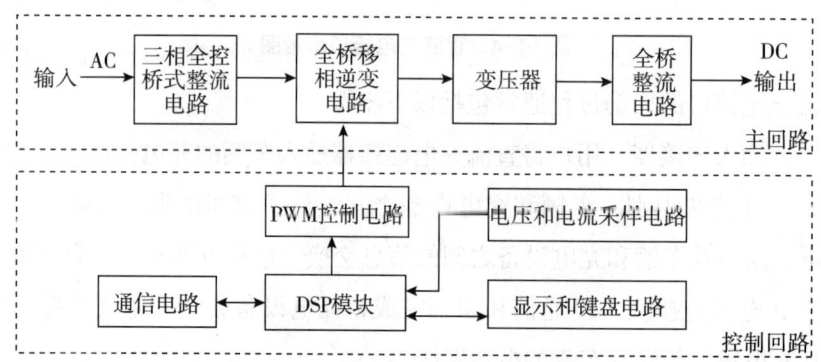

图10-5 直流充电电路原理框图

电动汽车的直流充电电源是充电系统中不可或缺的一个组成部分，其工作过程相当复杂且高度精确。首先，交流市电通过三相全控桥式整流电路被转换成直流电。其次，根据选定的充电方式以及通过电压和电流采样获得的数据，DSP模块进行计算。计算结果被用于触发PWM控制电路，从而控制全桥移相逆变电路。这一步把直流电变为脉冲交流电。接着，这个脉冲交流电被高频变压器隔离，再送入另一个全桥整流电路，最终得到所需的直流充电电压和电流。整个过程确保了蓄电池能够以最优条件进行充电。直流充电电路具有以下工作特性。

第一，通过运用经过验证的电路拓扑和先进技术，电路系统达到了高度可靠的性能水平，这样的设计方法确保了系统的稳定运行和长期可靠性。

第二，充电机电路以开关模式运行，实现了高转换效率，其工作效率始终保持在90%以上。这种高效率设计不仅不会干扰汽车的直流发电机的正常工作，还能确保对车辆其他电子设备没有负面影响，使整车系统能够更加稳定和高效地运行。

第三，利用先进的控制技术，系统可以实现升降压过程的平稳过渡，从而避免了电压波动或不稳定现象。这种精确的电力调节不仅增强了整个电气系统的可靠性，也提高了其长期稳定运行的可能性。

第四，通过采用电压模式和电流模式的双环路控制策略，系统能够达到高精度和高稳定性的电压和电流输出。这种控制方式确保了电力供应的准确性和一致性，进一步提升了整体系统的性能和可靠性。

第五，该系统具有全面的保护电路设计，确保了各个单元电路都拥有逐级的保护措施。这种多层次的安全机制不仅增加了系统的稳定性，也极大地提高了其对异常情况和故障的抵抗能力。

第六，该电路设计具有很低的电磁辐射，因此不会对车内其他电子设备产生干扰。同时，它具有出色的抗干扰能力，能有效地抵抗外界电磁干扰，确保系统稳定可靠地运行。

10.3.4 交流充电接口

电动汽车的交流充电接口是电动汽车与充电设施之间连接的关键部件，支持电动汽车在家庭、办公室或公共充电站等场所充电。因为交流充电通常速度相对较慢，它适用于长时间的停车场合。

这种接口有多种不同的标准和规格，如美国普遍采用的SAE J1772，欧洲常用的Type 2（Mennekes）接口，以及中国的GB/T标准。这些标准确保了不同制造商和地区的电动汽车能与各种充电设备兼容。交流充电接口通常包含几个用于电力传输和数据通信的触点或引脚。这些触点不仅用于向电动汽车的蓄电池传输交流电，而且用于与充电设备进行数据交换，以实时监控充电状态和电池健康。这种数据交流可确保充电过程受到精确的控制，如根据电池温度或充电状态动态调整充电速率。

在用户界面和安全性方面，交流充电接口通常会有一些附加特性，例如有些接口会配备LED指示器来显示充电状态，有些则有特殊的锁定机制以防止在充电过程中意外拔出。此外，为了确保使用安全，这些接口通常也具备多种保护措施，包括过电流保护、过压保护和短路保护等。

10.3.5 交流充电电路原理

交流充电是指交流电通过标准充电插头和充电插座，进入车载充电机，车载充电机再把交流电（AC）转换为适合电动汽车电池的直流电（DC），再以直流电给动力电池充电进而完成电池充电的过程。交流充电的部件主要有车载充电机、交流充电插座（交流充电插座线束）、充电线、交流充电桩或220 V 交流电源、整流器和车辆控制器（VCU、BMS）等。

10.3.5.1 交流电输入

交流电输入是电动汽车交流充电过程的初始阶段，一般通过交流充电桩或220V交流电源实现。交流电输入阶段是后续电流转换的基础，对于整个充电过程至关重要，所以这一阶段最主要的考虑因素是输入电压和电流频率的稳定性。

稳定的电压对于电动汽车的充电系统是必需的，因为电压波动可能对整个系统的性能和电池的健康状况造成负面影响，过高或过低的电压都可能导致系统效率降低甚至损坏电池。因此，充电系统通常配备有电压调节器或其他保护装置，以确保即使在电网电压波动的情况下，也能提供稳定的电流输入。

交流电流频率的稳定性对于电动汽车的充电系统同样重要，电流频率不稳定可能导致充电过程中的效率损失或故障。这里需要注意，不同地区的电网频率可能有所不同，如北美通常是 60 Hz，而欧洲和大多数其他地区则是 50 Hz，所以充电系统必须能够适应这些频率差异，以确保无缝地与不同地区的电网兼容。

10.3.5.2 电流整流

在电动汽车充电系统中，电流整流是一个关键的环节，负责将输入的交流电（AC）转换成直流电（DC），这个转换过程是通过整流器组件来实现的。整流器的主要作用是确保电流只能在一个方向上流动，从而将交流电转换为脉动的直流电。整流器通常由二极管或更复杂的桥式整流器组成，这些元件只允许电流在一个方向上流动，从而实现了交流电到直流电的转换。当然，整流器的输出并不是完美的直流电，而是一种脉动的直流电，这种脉动直流电包含了交流电的残留特性，即电流强度和方向随时间发生变化。为了使输出电流更加平稳，以便于电动汽车的电池能够安全有效地充电，充电系统中还包含了滤波环节，主要通过使用电容器或电感器来实现。电容器能够存储和释放电能，从而帮助平滑电流的波动；而电感器则抵抗电流的快速变化，进一步稳定电流。

10.3.5.3 电压转换

电压转换在电动汽车充电系统中的主要作用是确保电流在达到电池之前具有合适的电压水平，这个过程涉及两个关键组件，分别是变压器和直流－直流转换器（也称为 DC-DC 转换器）。虽然在直流系统中使用变压器不是很常见，但在一些特定的设计中，尤其在需要匹配不同电压级别的场合，变压器的使用是必不可少的，它们在充电电路中的主要作用是调整电压水平，确保输入电压与电池要求的电压相匹配。

变压器主要使用在将高电压降低或者低电压升高的场景中，如从电网得到的电压高于电动汽车电池所需的电压，此时可以使用变压器将这一高电压降低到一个更适合电池充电的水平。相反，如果输入电压较低，变压器也可以提升电压以满足电池的需求。在变压器调整电压后，进一步的电压调整是通过 DC-DC 转换器来完成的，它在现代电动汽车充电系统中非常关键，主要作用是提供一种高效的方式来精确控制电压输出。DC-DC 转换器与传统的变压器不同，它们利用电子开关和存储元件（如电感器和电容器）来调节电压，并将已整流的直流电的电压转换成电动汽车电池所需的特定电压。在这些转换器的精细控制下，充电过程中电池接收到的电压将既安全又有效。

10.3.5.4 控制和调节

在电动汽车充电系统中，控制和调节环节是确保充电过程既安全又高效的关键，主要通过控制器单元和通信接口的共同作用实现对充电过程的精细监控和调整。控制器单元是整个充电电路的大脑，负责实时监测电池的状态，包括电压、电流和温度等关键参数。控制器利用这些信息来调节电流强度或修改充电策略等，以适应电池的当前状态和需求。例如，在电池电量较低时，控制器允许更高的充电电流，以快速补充电量；而当电池快充满时，控制器会降低电流强度，以减少对电池的损害并延长其寿命。此外，如果控制器检测到电池温度过高，它会采取措施降低充电速度或暂停充电，以防止过热造成的损害。

除了对充电过程的实时调节外，控制器还能通过充电装置的通信接口与车辆的其他系统进行通信，这种通信对于实现更精确的充电控制至关重要。通过通信接口，控制器可以获取车辆的详细信息，如电池的健康状态、历史充电数据甚至驾驶模式和行为模式，这些信息使控制器能够更好地理解电池的使用情况，并据此优化充电策略。例如，如果车辆的历史数据显示电池在低温条件下频繁使用，控制器可能会调整充电策略，以减少在这些条件下的电池磨损。同样，如果车辆主要用于短途行驶，控制器可能会选择更保守的充电策略，以延长电池的整体寿命。

10.3.5.5 安全机制

安全机制在电动汽车充电系统中扮演着至关重要的角色，它包含了过载保护、短路保护和绝缘检测等一系列安全措施，避免潜在的安全风险，从而确保整个充电过程的安全性和可靠性。在充电过程中，如果电流或电压超出了设计范围，可能会导致系统过热，甚至引起火灾。过载保护机制能够监测电流和电压水平，一旦检测到异常，它会立即切断电源或降低电流流量，从而防止过热和可能的损害，这不仅保护了充电设备，也保护了电动汽车的电池和电气系统。车辆线路发生短路会导致突然的高电流流经电路，这不仅会损坏充电系统和车辆，还有可能引起火灾。短路保护机制能够在短路发生时迅速识别问题，并立即切断电源，从而防止更严重的损害和潜在的安全隐患。在电动汽车和充电设备中，所有电气部件都应该适当绝缘，以防止电流泄漏引发电击或火灾。绝缘检测系统定期检查电路的绝缘状态，确保没有电流泄漏的风险，如果检测到绝缘性能下降，系统会提醒维修或自动采取措施防止使用，直到问题得到解决。

10.3.5.6 输出到电池

在电动汽车充电系统中，最终阶段是将转换后的直流电输出到电池。这个过程包括两个关键环节：电流传输和充电管理。电流传输是一个相对直接的过程，转换后的直流电通过连接电动汽车与充电设备的充电线传输，这些充电线必须能够承载足够高的电流，同时保证最小的能量损失。因此，充电线的设计需要考虑到电阻低、耐热和耐用，以应对长时间的充电过程和可能的环境挑战。在实际操作中，充电插头和接口也必须确保高度的匹配和安全性，以防电流泄漏或意外断开。

当电流开始传输到电池时，BMS 就会发挥作用，它是一套复杂的软硬件系统，实时监控电池的电压、电流、温度和充电状态等多个参数，确保电池在整个充电过程中保持在安全的工作范围内。如果检测到任何异常，BMS 就会及时采取措施调整充电速度，防止过充或过放，这不仅保护了电池免受损害，还延长了电池的使用寿命。

10.4 电动汽车充电过程

电动汽车的充电过程相当直观，但与传统燃油车加油不同。下面简要描述一下通常的充电过程。

10.4.1 准备阶段

10.4.1.1 找到充电站

电动汽车通常依赖两种主要的充电设施，即专业的公共充电站和家庭专用充电桩。公共充电站通常分布在城市和高速公路旁，为在路上的电动汽车提供便捷的充电服务；家庭专用充电桩则允许车主在家中方便地充电。随着电动汽车的普及，许多地区已经建立了相当完善和广泛的充电网络，以满足不断增长的充电需求。

10.4.1.2 选择充电类型

慢充（Level 1）适用于家庭插座，充电速度较慢，通常需要多小时完成；快充（Level 2）是更高效的选项，能在数小时内充满电池；而超快充（DC Fast Charging）则能在短短几十分钟内将电量充至80%以上。选择哪种充电方式取决于具体需求和可用时间。这些选项提供了不同的充电速度和便利性，以适应各种生活和出行情况。

10.4.1.3 停车并准备

将电动汽车准确地停在充电桩的指定区域内，确保车辆与充电桩之间的距离足够近，以便轻松连接充电插头。同时，要确保车上的充电接口是容易接触和操作的，以便顺利完成充电过程。

10.4.2 充电阶段

10.4.2.1 连接充电桩

打开电动汽车上的充电口盖以暴露充电接口。然后，将充电站提供的充电插头插入车辆的充电接口开始充电。值得注意的是，某些先进的充电桩可能需要通过特定的会员卡或与之配套的手机应用进行解锁和授权。

10.4.2.2 启动充电

一旦确认电动汽车与充电桩之间的连接已经安全稳固，接下来就需要根据充电设备上的操作指南来启动充电过程。这通常涉及在物理界面上按照指示操作，或者通过一个专门的手机应用来激活充电。这一步确保了电流流入电动汽车的电池，开始实际的充电活动。

10.4.2.3 等待充电

充电时间因充电方式和电池剩余电量而异。采用慢充的方式，可能需要花费长达 8 ～ 12 h 才能将电池充满；如果使用快充或超快充设备，通常只需 1 h 或更短的时间就能将电池电量提升至 80% 或更高。可以根据具体出行时间灵活选择充电方式。

10.4.2.4 监控充电

许多现代电动汽车和充电设施具备与手机应用同步的功能，这使得车主能够实时监控充电进程。通过这些应用，车主不仅可以查看当前的充电状态，还能预估剩余的充电时间，从而更加精准地规划行程或其他活动。这增加了充电的便利性和可控性。

10.4.3 结束阶段

10.4.3.1 结束充电

当电动汽车的电池达到满电状态或者充至设定的所需电量后，就可以操作充电桩上的物理界面或使用相应的手机应用来终止充电流程。这确保了电量达到车主的需求，同时防止过度充电。

10.4.3.2 断开连接

在确认充电过程已经完全终止之后，你需要从电动汽车的充电接口中安全地拔出充电插头。随后，记得将这个插头妥善地放回充电桩上的指定位置，以维护充电设施的整洁，便于其他用户使用。

10.4.3.3 结算支付

在使用公共充电站进行充电后，完成支付是必要的一步。支付方式可能有多种选择，包括使用专用的会员卡，利用与充电站联动的手机应用，或者直接用信用卡进行结算。

10.4.3.4 离开充电站

确保所有步骤都已完成后，就可以安全地离开充电站。

这就是电动汽车的基本充电过程，不过具体细节可能因品牌、模型和充电设施而有所不同。总体而言，一旦习惯了这个过程，给电动汽车充电是一件相当简单和方便的事情。

10.5 氢气的加注

10.5.1 氢气的加注方法

10.5.1.1 分级加注

分级加注是一种高效的储氢方式，它通过使用2～3组不同压力等级（高、中、低）的并联储氢瓶组进行操作。该系统利用压缩机、储氢瓶组和加氢机的自动控制，按照预设的程序和压力平衡顺序，对车载储氢气瓶进行加注。这种方法不仅能加速加注过程，还能提高储氢瓶组的整体利用率。

10.5.1.2 增压加注

增压加注方法使用单一的储氢瓶组将气体充至车载储氢气瓶中并使瓶中气体达到特定压力。如果这个压力或容量不足，额外的气体会由压缩机补充。这种方式一般适用于加气间隙时间较长的情况。当储氢瓶组中的气体压力降低到一定水平时，压缩机将自动补充气体，直到达到所需的压力标准。

10.5.2 氢气加注设备

氢气加注设备是为氢燃料电池汽车或其他使用氢燃料的应用而设计的关键组件，它们负责以安全、高效的方式将氢气传输到储氢瓶组或其他氢存储设备中。这种加注设备在推动可持续能源使用和减少碳排放方面具有重要意义。

10.5.2.1 压缩机

压缩机在氢气加注站起着至关重要的作用，可以说是整个系统的"心脏"。它的主要任务是将低压的氢气压缩到更高的压力水平，这样做有几个好处：高压氢气能更密集地存储在储氢瓶组内,从而提高存储容量;高压状态下的氢气可以更快速、更高效地通过加氢机传输到目标储存设备,如车载储氢瓶。因此,压缩机不仅优化了存储过程,还加速了加注速度,大大提升了整个加注站的效率和性能。

10.5.2.2 储氢瓶组

储氢瓶组在氢气加注站中用于暂时储存被压缩的氢气。这些储氢瓶一般会按照特定的安全标准和效率要求进行设计。为了进一步提升存储和传输效率,这些瓶组常常会根据不同的压力等级进行分级储存。

10.5.2.3 加氢机

加氢机(或称为加注机)是一个专门的设备,其作用是将经过压缩并存储在储氢瓶组中的氢气转移到预定的储存设施,比如车辆搭载的储氢气瓶。这一过程确保了高效、安全地将氢气从加注站传送到用户端。

10.5.2.4 控制系统

控制系统在氢气加注站内起到了核心的管理作用,它综合控制并调节了整个加注流程的各个方面。控制系统通过实时的压力监控功能确保了氢气在各个阶段都处于适当的压力水平,从而提高了存储和传输效率。控制系统还负责执行一系列安全检查,这些包括但不限于气体泄漏检测、压力异常警告和紧急停车措施,以确保整个操作的安全性。为了提供更便捷的用户体验,这个系统还可能与手机应用或其他用户界面进行联动,使得用户可以实时查看充气状态、剩余时间,甚至通过应用来控制加注过程。

10.5.2.5 支付系统

在商业或公共的氢气加注站,支付系统是一个重要的组成部分。这些支付系统通常具有多种支付选项以适应不同用户的需求。用户可以通过多种方式完成支付,例如使用会员卡,通过特定的手机应用,或者直接使用信用卡。这些多样化的支付方式不仅提供了便利性,也增加了加注站的可达性和用户友好性。

许多氢气加注站都配备了智能系统,这些系统可以通过手机应用进行实时监

新能源汽车技术

控,从而使用户可以更灵活地管理其加注需求。同时,为了进一步推动可持续性,一些加注站甚至开始使用可再生能源(如太阳能、风能)来为压缩机和其他设备供电。

随着氢燃料电池汽车和其他氢能应用的普及,氢气加注设备也将迎来更广阔的发展空间。未来可能会看到更多便捷、高效、安全的加注解决方案,包括无人操作的加注站、更高级的实时监控技术,以及更为环保的生产和运营模式。

氢气加注设备是氢能应用中不可或缺的一环,它们不仅需要满足高效、安全的基本要求,还需要不断适应和引领新的技术和市场需求。

单元 11 智能网联系统

11.1 车联网系统

车联网是一种先进的信息通信技术，它允许车辆与其环境中的其他物体（如其他车辆、交通信号、路边基础设施等）进行实时互联和数据交换。这种系统大大增强了道路安全，提高了交通效率，并有助于实现更为智能的出行解决方案。通过车联网系统，车辆能够接收来自周围环境的各种警告和信息，例如交通拥堵、事故提醒或者天气变化，从而做出更加合适的行驶决策。同时，这一技术也为自动驾驶车辆提供了必要的数据支持，是未来智能交通系统不可或缺的一部分。

11.1.1 车联网系统的组成

车联网系统分为三大部分：车载终端、云计算处理平台、数据分析平台，根据不同行业对车辆的不同功能需求实现对车辆的有效监控管理。

车载终端是一个复杂的数据收集和传输系统，由传感器、数据采集器以及无线发送模块组成。这个终端能够全面地采集车辆的实时运行数据，包括但不限于驾驶员的操作行为以及动力系统的各种工作参数。这些信息不仅被实时监控，还会被储存和通过无线网络发送至其他系统或平台。这种全面的数据采集和实时传输功能不仅有利于对车辆性能进行深入了解，也为实时监控和故障预警提供了重要的数据支持。通过这样的系统，车辆的安全性得到了大幅提升。

云计算处理平台在车联网系统中扮演着关键角色，负责处理从多个车载终端发送来的大量运行数据。这些数据经过平台的高级分析和"过滤清洗"过程，以去除冗余或不相关的信息。这样，仅让有用且关键的数据被保留和进一步分析。这不仅提高了数据处理的效率，还确保了只有质量最高、最具价值的信息被用于进一步分析和决策，从而更有效地提升车辆性能和道路安全。

数据分析平台在整个系统中具有关键作用，它将收集到的数据转换成报表格式，以便管理人员能够方便地查阅和分析。这些报表通常会以图形、图表或其他易于理解的形式展现，使得管理层可以快速地获取关键信息。通过这样的报表式处理，数据分析平台不仅提供了一个直观的方式来监控车辆的状态和性能，还为制定更有效的管理决策提供了数据支持。

11.1.2 车联网的功能

车联网实现了车与云平台、车与车、车与路、车与人、车内等全方位的网络连接，实现了"三网融合"，即将车内网、车际网和车载移动互联网进行融合。车联网利用传感技术感知车辆的状态信息，并借助无线通信网络与现代智能信息处理技术实现交通的智能化管理，以及交通信息服务的智能决策和车辆的智能化控制。

车与云平台间的通信涉及使用卫星无线通信或移动蜂窝网络等无线技术，以实现车辆与车联网服务平台之间的实时信息交换。在这个框架内，车辆不仅可以将其运行数据实时传输到云平台进行分析和存储，还能接收来自平台的控制指令。这种双向的信息流使得车辆能够与远程平台进行高效、实时的交互，从而提高了车辆的智能管理水平和操作效率。

车与车间的通信是一种高度先进的信息交流机制，允许不同车辆之间实时共享和交换各自的状态信息，如车辆的具体位置、行驶速度等。这种互联性不仅增加了单一车辆的感知能力，也为整个车流提供了一个更为全面和准确的动态图像。例如，通过这种通信方式，车辆可以预警其他车辆关于即将出现的交通阻塞或者其他潜在危险，从而帮助驾驶员提前做出适当的行驶决策。这大大提高了道路的整体安全性和交通效率，是未来智能交通系统的重要组成部分。

车与路间的通信利用地面的固定通信设施，如传感器或信号塔，来实现车辆和道路之间的实时信息交流。这种通信主要用于监测道路状况，如交通流量或路面质量，并据此引导车辆选择最佳的行驶路径。这不仅提高了交通效率，还增强了道路安全性。

车与人间的通信允许用户通过各种无线通信方式，如 Wi-Fi、蓝牙或蜂窝网络，与车辆建立信息连接。通过这种连接，用户可以使用移动终端设备，如智能手机或平板电脑，来实时监控车辆的状态，并进行相应的控制操作。这种交互增强了车辆的智能化管理，也提供了一种更便捷、个性化的驾驶体验。

车内设备间的通信涉及车辆内部各个设备和系统之间的数据信息交换。这种内部通信主要用于实时监测各设备的工作状态和进行相应的运行控制。通过这一机制，车辆能建立一个高度数字化和集成的内部控制系统，从而实现各设备和系统之间的优化协调，提高整车性能和安全性。

11.1.3　车联网系统的意义

11.1.3.1　车辆的全生命周期管理

通过实时采集和传输车辆工况的数据，生产厂家能够进行全生命周期的产品管理。从车辆出厂那一刻起，所有运行数据都会被发送到厂家的"企业参数中心"。这使得厂家可以生成各种详细的分析报告，从而获取有用的信息，这些数据对于未来新产品的研发具有极其重要的决策支持作用。

11.1.3.2　提高车辆使用寿命

利用车联网系统，生产厂家不仅能够实时采集关于用户使用习惯的数据，还能根据这些信息生成详细的分析报告。这些报告不仅能为用户提供关于如何更有效地使用车辆的建议，还可以用于即时识别和纠正用户的不良驾驶或使用习惯。这样做不仅能提高车辆性能和安全性，还能显著延长车辆的使用寿命。此外，这些数据也为厂家提供了优化产品和开发新功能的重要参考，从而进一步提升用户体验和产品质量。

11.1.3.3　节能减排

车联网系统能自动监测车辆各重要部件的工作状态。一旦发现异常，系统会立即通知用户和生产厂家，以便及时采取措施，防止动力系统等关键部件出现问题而导致不必要的高油耗。同时，通过分析用户的驾驶习惯并生成报告，系统还能帮助识别和改正可能导致高油耗的不良使用行为。这样不仅保证了车辆的性能，还有助于延长其使用寿命。

11.1.3.4 远程管理、诊断及维修

车联网系统具有多种功能，包括远程系统升级，这样可以减少人工维护的次数和成本。该系统还能远程定位设备的故障点，使得一些简单的问题能够通过远程方式解决，进一步提高了维护效率，降低了运营成本。这样的设计提供了一个高效的维护方案。

11.2 智能驾驶系统

11.2.1 智能驾驶系统简述

智能驾驶系统是现代交通科技的一项重要的创新技术，它综合了传感器技术、数据分析、机器学习和人工智能等多个领域的成果，以提供更加安全、便捷和高效的驾驶体验。这类系统可以按照其功能和复杂性进行不同等级的划分，从基础的自动辅助驾驶系统（如自动刹车、车道保持、自适应巡航控制等）到高度自动化和全自动驾驶系统。

智能驾驶系统依赖各种传感器，包括摄像头、雷达、激光雷达（LiDAR）以及其他环境感知设备。这些传感器可以实时地捕捉车辆周围的信息，包括其他车辆的位置、行驶速度、路面状况等。这些数据被送到中央处理单元（CPU），那里的高级算法会对数据进行实时分析。依据这些分析，系统能判断出最佳的驾驶操作，包括但不限于转向、加速和减速。

机器学习和人工智能算法使得这些系统不断地从实际操作和外部数据中学习和适应。这意味着它们会随着时间的推移而变得越来越精确和高效。除了基础的自动辅助功能外，更高级的智能驾驶系统还包括如自动泊车、交通拥堵辅助，甚至全自动驾驶功能。这些功能不仅可以减轻驾驶员的负担，也大大提高了整体安全水平。

智能驾驶系统还与车联网技术紧密结合，能够接收实时交通信息，或者与附

近车辆进行通信,以获取更全面的路况信息。这样不仅可以提前预知和避免可能的危险,还能根据实时交通状况选择最优路线,节省时间和燃料。

智能驾驶系统通过集成多种先进技术,实现了对车辆行为的精细化管理,大幅提升了交通安全和驾驶效率。而随着技术的不断进步,未来的智能驾驶系统还将带来更多前所未有的可能性。

11.2.1.1 电动汽车智能驾驶的发展背景

电动汽车和智能驾驶技术的发展背景是相互交织和促进的,它们代表了交通和能源两个不同领域中的创新高峰。这种交集不仅在于技术上的一系列突破,也在于对可持续、安全和高效交通系统的共同追求。

电动汽车的出现解决了一系列环境问题,特别是减少了碳排放和空气污染。然而,简单的电动化并不足以应对拥堵、事故等复杂的交通问题。这就是智能驾驶技术出现的背景,它的目标是通过自动化和优化驾驶过程来解决这些问题。

电动汽车的设计和工程特点为智能驾驶技术的整合提供了更多的可能性。与内燃机车相比,电动汽车的能量管理、动力分配和电子控制系统更为先进,这为引入更高级别的自动驾驶功能创造了条件。例如,电动汽车通常配备有更多的传感器,具有高性能的数据处理能力,这些都是实现智能驾驶所必需的。

电动汽车和智能驾驶技术还有一个共同的发展驱动力,那就是大数据和人工智能(artificial intelligence, AI)的快速进步。这些技术使得车辆能够更好地感知环境、做出决策并执行操作。AI算法能从海量的数据中迅速提取有用信息,从而使自动驾驶系统更加智能。社会和政治因素也在推动这两者的发展,随着全球气候变化问题越来越严重,政府和民间组织都在寻求减少碳排放和促进可持续交通的方法。电动汽车自然是解决方案之一,而智能驾驶技术则可以进一步提高交通系统的整体效率,从而降低能源消耗。

然而,电动汽车和智能驾驶技术的发展也面临一系列挑战,如法律规定、安全问题、数据隐私等。但这些问题也促使各方——包括政府、产业和研究机构——共同努力,找到合适的解决方案。电动汽车与智能驾驶技术的结合不仅在技术上具有很好的发展前景,还会对人们的生活方式产生深远的影响。想象一下,一个由自动驾驶电动汽车组成的交通网络可能会改变人们对城市设计、能源消耗、出行方式

新能源汽车技术

等方面的整体认识。

电动汽车和智能驾驶的共同发展背景是多元且相互促进的，它们在解决当代交通和环境问题方面具有巨大的潜力和价值。随着这两个领域的进一步融合和创新，未来的交通系统将更加安全、高效和可持续。

11.2.1.2 电动汽车智能驾驶的作用和意义

在信息化时代，尽管汽车工业带来了无数便利，但也引发了更多的交通安全问题和管理挑战。智能驾驶系统和无人驾驶技术成为解决这些问题的关键方案，因此备受研究者和政府机构的关注。这一领域的发展经历了三个核心阶段：第一阶段主要集中在基于图像处理的智能导航系统上；第二阶段进一步发展了先进的驾驶辅助系统，包括各种传感器和算法，以提供更全面的驾驶支持；第三阶段突破了无人驾驶技术，其中涉及高度复杂的自动控制和决策系统。这些智能驾驶解决方案不仅有潜力显著提高道路安全，减少交通事故和人员伤亡，还可以有效地提升交通流的效率，缓解道路拥堵问题。因此，智能驾驶技术不仅是一种技术创新，更是一种社会进步，具有深远的现实和未来意义。它代表了交通系统整体朝向更高效、更安全、更可持续的方向发展，对于现代社会具有不可忽视的价值。

电动汽车智能驾驶系统是一种高度集成的技术，包括环境信息采集、驾驶决策和行为执行等多个方面。这一系统的研究和发展得到了全球范围内的高度关注，主要集中在环境感知、行为决策和运动控制这三个核心问题上。当前，许多研究团队在环境感知和运动控制方面已取得显著研究进展，例如通过摄像机、激光雷达和信息物理系统（cyber-physical system, CPS）等多种信息源实现高度准确的环境建模，以及通过 CAN 总线与底层控制系统的深度整合实现精确的运动控制。尽管如此，在复杂的城市环境中，行为决策依然是一个巨大的挑战。这是因为城市环境涉及多种不确定因素，如周围车辆、行人和复杂的交通规则，这些因素给智能驾驶系统带来更大的时间和空间约束。因此，探索在复杂城市环境下如何做出安全、高效的驾驶决策是该领域研究的关键，并对于提高中国在无人驾驶技术、交通安全和智能交通方面的整体水平具有显著的重要性。

由于机器反应速度远高于人类，这大大降低了交通事故的风险。智能驾驶汽车不存在醉驾、疲劳驾驶或注意力不集中等人为因素，因此智能驾驶汽车在安全性方面具有天然的优势。智能驾驶汽车在提高出行效率方面也表现出色。通过与高精度地图和其他车辆进行信息交互，这些车辆能够实时获取并分析道路交通情况。这不仅能帮助智能驾驶汽车自身做出更高效的路线选择，还能推动车与车之间的信息共享，帮助整个交通系统提高流通性。例如，一辆智能驾驶汽车检测到某个路段有严重拥堵情况，它可以将这一信息实时传输给其他车辆，从而使它们提前做出路线调整，减少拥堵现象。

智能驾驶汽车在替代人类完成高风险任务、提高交通安全和增加出行效率等方面都具有显著优势。这些优势使得智能驾驶汽车在多个领域内都有着广泛的应用前景，从而带来社会经济效益和人们生活质量的显著提升。

在传统汽车驾驶中，驾驶员需要不断地根据环境因素和车辆状态做出决策。这一过程要求驾驶员持续集中注意力，并做出准确的判断。然而，人为因素如疲劳、注意力不集中等可能导致判断失误，增加事故风险。此外，不同驾驶员或同一驾驶员在不同情境下可能有不同的判断和反应时间，这也会增加安全隐患。因此，利用智能辅助驾驶系统提供的准确的环境判断和及时的操作干预变得非常关键。这些系统能有效地辅助驾驶员，减少因人为因素导致的风险，提高驾驶安全性。

智能驾驶系统在技术上具有深远的意义，因为它标志着一个交汇点，那就是传统的机械工程、汽车工程与现代信息科技、人工智能等多个前沿领域的结合。这个交汇点不仅推动了各个学科技术的进一步发展，更重要的是，它提供了一种全新的解决方案来应对交通安全和效率问题。

通过集成各种高级传感器，如雷达、摄像头和激光扫描仪，智能驾驶系统能够获得对车辆周围环境的全方位感知。这些传感器收集的数据不再是简单的数值或图像，而是经过复杂的数据分析和机器学习算法进行解读，被转化为可以供车辆自主决策的有用信息。这一切的背后是大数据处理能力的极大提升和算法的持续优化。这些系统也涉及高度复杂的软硬件交互问题，从微观角度上看，这意味着需要对各种嵌入式系统进行精确控制；从宏观角度上看，则需要对整个交通网络进行智能优化。这不仅考验了多领域技术的综合应用能力，也为相关领域带来了更多的研究和发展机会。

最重要的是，智能驾驶系统通过这些技术手段，有可能大大降低交通事故率，提高道路通行效率，减少能源消耗，进而达到可持续发展的目标。这不仅是一次技术革命,更是一次社会变革,其深远的影响可能会超越人们当前的想象。

智能驾驶系统在交通领域具有巨大的作用和意义,它不仅能显著提升交通安全水平,还能有效提高道路使用效率和缓解交通拥堵问题。智能驾驶系统的环境感知能力和即时反应性明显优于人类驾驶员。通过使用先进的传感器和算法,智能驾驶系统能在极短的时间内对周围环境进行分析,并做出判断,从而避免或减少交通事故。例如,当面临紧急刹车、障碍物避让或者变道等情况时,智能驾驶系统能在毫秒级时间内做出反应,这大大提高了道路交通的整体安全性。

智能驾驶系统能通过车与车、车与基础设施之间的通信以及实时路况分析,提高交通流的效率。这意味着,通过智能调度和路径规划,可以减少不必要的拥堵和停顿,从而提高整个交通网络的运行效率。这种效率提升不仅可以节省个体驾驶者的时间,也有助于减少燃油消耗和环境污染。智能驾驶系统还可以有效地配合公共交通和多模式出行,为城市交通体系的优化提供更多可能性,例如智能驾驶系统可以被应用在公交车、出租车或者货运车辆中,与其他交通模式(如地铁、自行车、步行等)互补,进一步提升整个城市交通网络的可靠性和灵活性。

智能驾驶汽车是工业文明和信息化社会相结合的重要成果,代表了"两化融合"的方向。它不仅是下一代交通方式,也成为满足个性化需求、数据收集和交互的平台,同时是新智能制造体系和产业价值链的核心部分。其商业前景广阔,吸引了投资者、互联网巨头、车企、研究机构和创业公司等多方参与。智能驾驶不仅极大提升了交通工具本身的价值,还能为相关行业提供创新解决方案。它有助于与新能源、机械、电子、信息、互联网、通信、能源、环保和城市建设等多个领域进行深度合作和融合发展,成为未来交通产业技术发展的关键因素。

从环境角度看,智能驾驶系统具有巨大的作用和意义。智能驾驶有助于减少交通拥堵,从而降低碳排放,交通拥堵是导致尾气排放增加的重要因素之一。通过高效的路线规划和车辆控制,智能驾驶可以显著缩短车辆在拥堵状态下的停滞时间,从而减少碳排放。

智能驾驶系统可以优化驾驶行为,例如减少急加速和急减速,这些行为通常会导致更多的燃料消耗。更平稳、更合理的驾驶,不仅能提高燃油效率,还能降低尾气排放。与电动汽车和可再生能源的结合,智能驾驶系统会进一步减少交通的碳足迹,电动汽车本身就比传统燃油车环保,而智能驾驶系统能确保电动汽车以最有效的方式运行，从而最大化其环境优势。

智能驾驶技术也会推动共享出行和公共交通的发展，这将减少每个人单独开车的需求，从而减少车辆总数和相应的环境影响。智能驾驶不仅在技术和商业领域具有广泛的应用前景，在环境保护领域，也具有重要的战略价值。通过减少交通拥堵、优化驾驶行为、推动可再生能源应用以及促进共享出行，智能驾驶系统有潜力显著改善交通环境和减缓全球变暖。

11.2.2 智能驾驶系统相关技术

11.2.2.1 环境感知技术

环境感知技术在智能驾驶系统中扮演着至关重要的角色。这些技术允许汽车感知其周围环境，从而做出准确和安全的决策。环境感知技术的实现需要依靠多个传感器和信息获取设备，例如摄像头、雷达、激光雷达（LiDAR）、GPS以及车载通信设备。

摄像头通常用于识别交通标志、信号灯和行人，而雷达和激光雷达则主要用于检测物体的位置和速度，包括其他车辆、障碍物和行人。这些传感器产生的数据被送到中央处理单元，中央处理单元通过高度复杂的算法对数据进行分析，以实现对环境的全面理解。车载通信设备则可以与其他车辆和基础设施（如交通信号灯、路口等）进行通信，获取关于交通流、拥堵或事故的实时信息。GPS则用于地理定位和高精度地图导航，确保车辆准确无误地遵循预定路线行进。通过整合这些不同类型的传感器和信息获取设备，智能驾驶系统能够构建一个全面、多维度的环境模型。这不仅提高了驾驶安全性，还使车辆能够自动适应各种复杂和不可预测的路况。

环境感知技术是智能驾驶系统能够实现安全、有效和自主操作的基础。该项先进技术集成了硬件和软件，通过复杂的数据分析和实时反馈，使智能驾驶具有了强大的环境适应能力。

11.2.2.2 信息融合技术

多传感器信息融合技术是一种综合处理和分析来自多个不同传感器的数据的

技术。该技术旨在通过合理地管理和利用各种传感器提供的数据，实现更准确和全面的决策和任务执行。具体来说，信息融合技术会自动分析和整合来自不同传感器的各种信息，包括在空间和时间上独立的信息、互补的信息、冗余的信息以及一个传感器提供的多种特征信息。

根据信息的抽象水平，信息融合技术可被分为三个不同的层次：数据层融合、特征层融合和决策层融合。在数据层融合中，来自各种传感器的原始数据被直接整合；特征层融合则涉及从各种数据中提取有用的特征，并将这些特征进行整合；决策层融合根据已整合的数据和特征，进行最终的决策分析。

这种分层的信息融合方法不仅提高了数据处理的精确度，还增强了系统在复杂和不确定环境中做出可靠决策的能力。多传感器信息融合技术实现了数据的最大化利用，提高了决策和任务执行的准确性和效率。

11.2.2.3 路径规划和跟踪技术

路径规划是自动驾驶汽车技术的关键组成部分，旨在根据目的地和实时环境数据为车辆生成最优的行驶路径。全局路径规划依赖一个完善和详尽的地图数据库，通过信息优化和反馈机制来确定大致的最佳路线。然而，由于全局路径规划通常不涉及诸如道路宽度、方向、曲率变化以及障碍物距离等实际细节，所生成的路径往往较为粗略。

为了应对这些局限性并适应不断变化的实时环境和不可预见的路况，自动驾驶汽车需要在全局路径规则的基础上进一步优化。车载传感器收集的实时数据和局部环境信息被用于快速评估各种可能的路况和突发事件。这样，车辆能够在全局路径规则的指导下，利用实时的局部信息来制定更精确和适应性更强的行驶路径。这种两阶段的路径规划方法确保了车辆能够在各种复杂情况下做出准确和高效的行驶决策。

道路环境感知与控制规划的关系如图11-1所示。

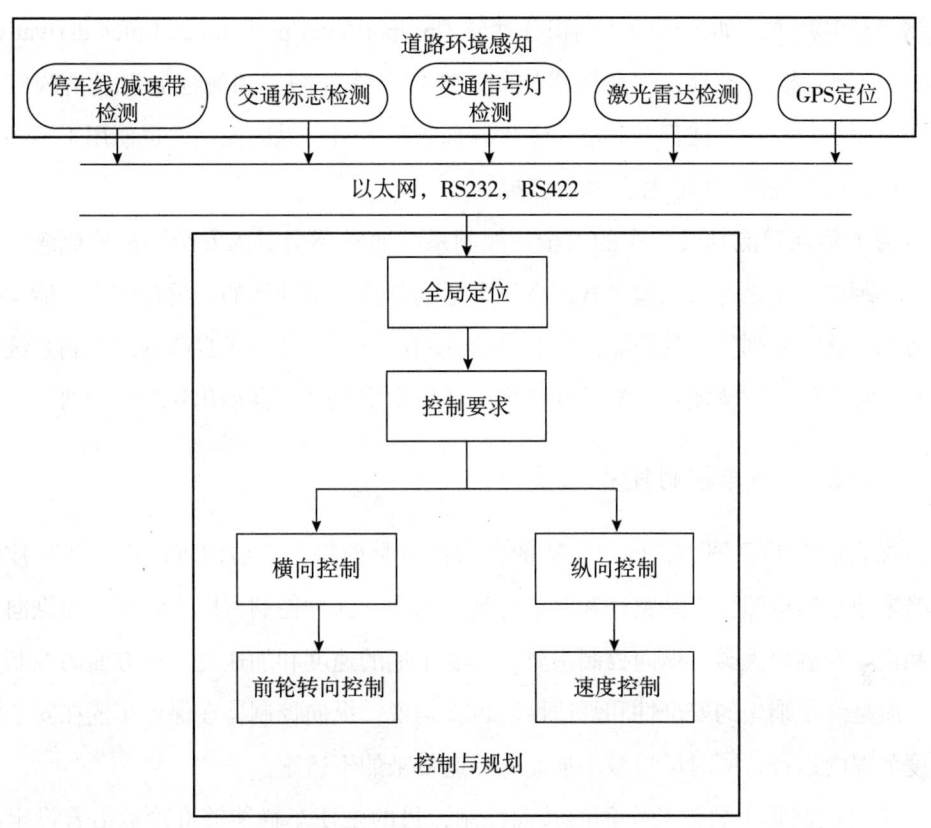

图 11-1 道路环境感知与控制规划的关系

智能驾驶汽车的路径跟踪技术主要用于保证汽车能够精确、快速、平稳地沿着规划路径行驶，并且保证较小纵向加速度和横摆角速度，以提高乘客的舒适度。纵向控制主要对油门和刹车进行控制，使汽车同前车保持安全的跟车距离；横向控制主要对汽车的前轮转角进行控制，使汽车跟踪规划路径的曲率变化。

当前的电动汽车智能驾驶控制系统主要采用分层的控制结构，包括上层的规划层和下层的控制层。规划层负责根据环境感知技术收集到的数据，应用各种算法来生成具体的控制指令。这些控制指令会传递到下一层，即控制层。在控制层，接收到的指令用于实时操控汽车的转向、油门和制动器等，以达到预定的智能驾驶目标。对该系统的研究主要涉及两方面：一是控制层中油门和制动器的协同控制逻辑；二是整个控制系统的流程设计。在实施具体控制方法时，一般将汽车的纵向和横向运动进行解耦，也就是说，对纵向和横向运动分别进行独立控制。对于横向控制，有多种方法如经典的比例积分微分（proportional plus integral plus derivative, PID）控制、模糊控制、神经网络控制、遗传算法控制、预测控制以及滑膜控制等。然而，每一种方法都有其适用条件和局限性。对于纵向控制，也使用了多种技术，包括模糊控制、PID控制和滑膜控制。

为了确保智能驾驶汽车的安全，控制系统通常还会引入安全距离的概念。这个安全距离通常是通过经验公式或者纵向运动学公式来计算的，旨在防止可能发生的碰撞。这一系列复杂的控制流程和算法共同构成了电动汽车智能驾驶控制系统的核心，它们使得车辆能够在复杂和多变的环境中实现高度自动化和安全的驾驶。

11.2.2.4 汽车控制技术

在智能驾驶系统中，确定车辆的实时位置是前提，之后便可以通过各种控制策略来使车辆按照预定的路径和要求行驶。通常，这种控制可以大致划分为纵向控制和横向控制两大类。纵向控制主要聚焦于车辆的速度和加速度，这方面的控制目标一般是满足乘坐的安全性和舒适性。也就是说，纵向控制旨在保证车辆在安全的速度范围内运行，同时尽量减小加速或减速带来的不适感。

横向控制则主要涉及车辆的转向控制，目的是使车辆能够准确地沿着设定的车道行驶。在这方面，控制精度是首要考虑的因素，因为任何偏离都可能导致车辆偏离预定路线，甚至产生安全隐患。通过对转向机构的精确控制，横向控制能够确保车辆在复杂的交通环境和不同的路况下，稳定地保持在正确的车道内。纵向控制和横向控制各有其独特的目标和需求，但它们共同构成了智能驾驶控制系统的核心部分，是实现车辆自动化和安全驾驶的关键。这两种控制方式需要高度的协同和精确的执行，以确保智能驾驶汽车能在各种环境和条件下，提供既安全又舒适的驾驶体验。

11.2.3 智能驾驶系统的发展趋势

智能驾驶系统作为现代科技领域的热点之一，正在以令人瞩目的速度发展。从最早的辅助驾驶功能到全自动驾驶的愿景，智能驾驶系统正引领着汽车行业的革命性变革。下面是智能驾驶系统的发展趋势。

11.2.3.1 辅助驾驶向自动驾驶的逐步过渡

智能驾驶系统的发展始于辅助驾驶技术,如自适应巡航控制（adaptive cruise control, ACC）和车道保持辅助系统（lane keeping assist systems, LKAS）。随着时间的推移,这些功能不断完善,逐步实现了更高级别的自动化。自动驾驶技术分为不同的级别,从 Level 1（驾驶员辅助）到 Level 5（完全自动驾驶）,智能驾驶系统的发展正朝着实现全自动驾驶的目标迈进。

11.2.3.2 传感器技术的进步

智能驾驶系统的核心是传感器技术,其中传感器包括激光雷达、摄像头、超声波传感器等。这些传感器不断提高分辨率、精度和稳定性,从而使车辆能够更准确地感知周围环境,并做出更精准的决策。此外,传感器的成本也在下降,有助于智能驾驶技术的更广泛应用。

11.2.3.3 人工智能与机器学习的应用

人工智能和机器学习在智能驾驶系统中扮演着关键角色。通过对大量数据的分析和学习,车辆可以逐渐提升其驾驶能力,更好地理解复杂的交通环境和道路状况。深度学习技术使车辆能够进行目标检测、行人识别、交通标志辨识等任务,从而提高驾驶的安全性和效率。

11.2.3.4 通信与云技术的整合

智能驾驶系统还可以通过车辆之间的通信和与云平台的连接实现更高水平的智能化。车辆之间可以实时共享信息,如交通拥堵、事故警报等,以更好地协调行驶路线,云技术可以存储和分析海量的驾驶数据,为智能驾驶系统提供更精确的决策支持。

11.2.3.5 法律法规和道德问题的挑战

随着智能驾驶技术的发展,法律法规和道德问题也日益凸显。如何确保智能驾驶系统的安全性,如何划分驾驶责任,以及在事故中如何做出决策等问题都需要进行深入讨论和研究，以建立合适的法律框架和道德准则。

11.2.3.6 城市基础设施的升级

要实现智能驾驶，城市基础设施必须升级。交通信号、道路标记和通信设施需要与智能驾驶系统兼容，确保驾驶的顺畅运行。这种升级有助于智能车辆更准确地感知和适应复杂的城市环境，从而提高交通安全性和效率。

11.2.3.7 用户接受度与教育

智能驾驶技术的广泛应用还需要大众的接受和理解。人们需要逐渐适应与智能驾驶系统交互的方式，了解其优势和限制，并学习在不同驾驶场景下与系统合作。

智能驾驶系统的发展正呈现出逐步完善的态势，从辅助驾驶到全自动驾驶，技术、传感器、人工智能等多个领域的进步相互交织，推动着智能驾驶系统不断前进。然而，在技术的推动下，法律、道德、安全等方面的问题也需要得到妥善解决。智能驾驶系统的未来将在技术创新和社会适应之间取得平衡，为人类出行带来更加安全、便利的未来。

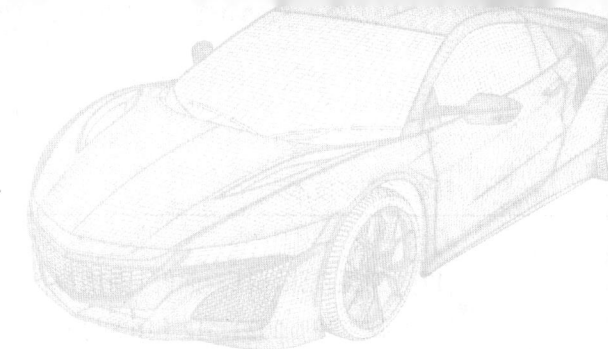

参考文献

[1] 鲁植雄. 新能源汽车 [M]. 南京：江苏凤凰科学技术出版社，2020.

[2] 廖小峰. 新能源汽车概论 [M]. 重庆：重庆大学出版社，2021.

[3] 胡萍，余朝宽. 新能源汽车概论 [M]. 重庆：重庆大学出版社，2021.

[4] 贾启蒙. 广义新能源汽车 [M]. 哈尔滨：哈尔滨工业大学出版社，2020.

[5] 俞春俊，张军，严慈磊，等. 新能源汽车运行安全性能检验技术体系研究 [J]. 中国标准化，2022（22）：145-151.

[6] 张卓颖. 新能源汽车财政补贴政策及发展策略探讨 [J]. 中国市场，2022（32）：36-38.

[7] 李云海. 新能源汽车智能充电优化控制系统研究 [J]. 专用汽车，2022（11）：65-67.

[8] 杨楠，赵婧. 新能源汽车电控技术应用与发展研究 [J]. 专用汽车，2022（11）：22-24.

[9] 吴石. 客滚船载运新能源汽车中的火灾防控应用研究 [J]. 中国海事，2022（11）：42-44.

[10] 曹兆年，李学东，徐宏伟，等. 滚装客船载运新能源汽车安全风险与防控对策 [J]. 世界海运，2022，45（11）：16-19，48.

[11] 刘润泽，周楠，李志勇，等. 新能源汽车供能电池技术的应用分析 [J]. 中国设备工程，2022（21）：208-210.

[12] 付裕. 新能源汽车空调智能控制系统关键技术研究 [J]. 内燃机与配件，2022（21）：82-84.

[13] 毛健民. 新能源汽车发展的主要障碍与对策探寻 [J]. 时代汽车，2022（21）：99-101.

[14] 佚名. 新能源汽车免征车辆购置税政策延续至2023年底 [J]. 重型汽车，2022（5）：1.

[15] 计端，刘卫. 新能源汽车电子控制技术要点优化分析 [J]. 汽车与新动力，2022，5（5）：25-27.

[16] 车帅，时玉正. 中国新能源汽车产业发展现状与建议 [J]. 汽车电器，2022（10）：16-19，24.

[17] 谢振，张江红，熊俊. 新能源汽车锂离子动力电池系统关键技术研究[J]. 有色金属工程，2022，12（10）：158.

[18] 张国盼，刘春玲. 基于质量和商誉影响下的新能源汽车价格最优动态分析[J]. 武汉纺织大学学报，2022，35（5）：34-40.

[19] 徐云志，陈壮. 新能源汽车动力电池压差故障与维修技术探析[J]. 专用汽车，2022（10）：70-72.

[20] 丁沛，马铁驹，马也. 基于在线评论的新能源汽车销量影响因素研究[J]. 系统科学与数学，2022，42（10）：2647-2664.

[21] 于永初. 我国新能源汽车市场逐渐成熟[J]. 汽车工艺师，2022（10）：3.

[22] 夏艳丽. 新能源汽车底盘设计的发展趋势探索[J]. 新能源科技，2022（9）：30-32.

[23] 魏文强. 新能源汽车节能技术的应用研究[J]. 时代汽车，2022（20）：119-121.

[24] 李永伟. 新能源汽车的故障问题与维修关键技术探讨[J]. 时代汽车，2022（19）：166-168.

[25] 董晓红，冯芷蔚，张家安，等. 含非线性残差的新能源汽车规模预测方法[J]. 电力工程技术，2022，41（5）：76-84.

[26] 相象文. 新能源汽车事故查勘定损存在问题与对策研究[J]. 内燃机与配件，2022（18）：75-77.

[27] 雷艺. 驾驶员应急处置新能源汽车车载动力电池事故的方法[J]. 大众科技，2022，24（9）：63-65，49.

[28] 张凯. 新能源汽车动力电池热管理系统研究[J]. 专用汽车，2022（9）：18-20.

[29] 江雪峰. 基于电磁感应的新能源汽车低温充放电技术研究[J]. 长春工程学院学报（自然科学版），2022，23（3）：47-51.

[30] 孙婉晴. 新时期新能源汽车行业现状与战略规划研究[J]. 科技经济市场，2022（9）：13-15.

[31] 张谦. 新能源汽车维修中电子诊断技术要点分析[J]. 农机使用与维修，2022（9）：103-105.

[32] 顾磊. 新能源汽车制动系统常见故障分析[J]. 农机使用与维修，2022（9）：112-114.

[33] 马崇. 新能源汽车维护与检测专业人才培养方案研究[J]. 时代汽车，2022（17）：28-30.

[34] 赵伟杰. 新能源汽车灭火救援技术研究[J]. 今日消防，2022，7（8）：26-28.

[35] 时宣华. 电子技术在新能源汽车上的应用[J]. 汽车与新动力, 2022（4）：30-32.

[36] 扈文锋. 新能源汽车发展背景下的汽车检测与维修技术革新[J]. 汽车与新动力, 2022（4）：105-107.

[37] 汪嵘明. 基于绿色物流新能源汽车在物流企业中的应用研究[J]. 中国物流与采购, 2022（16）：77-78.

[38] 李思晗, 赵明智, 秦郡酉. 新能源汽车动力电池放电特性仿真[J]. 计算机仿真, 2022, 39（8）：175-179.

[39] 郑雪芹. 我国新能源汽车保有量首破千万辆大关[J]. 汽车纵横, 2022（8）：105-107.

[40] 刘军. 新能源汽车维修中电子诊断技术的应用[J]. 科技资讯, 2022, 20（16）：42-44.

[41] 付建平. 新能源汽车维修中的电子诊断技术[J]. 时代汽车, 2022（15）：181-183.

[42] 高芸. 新能源汽车维修与安全管理方案探究[J]. 时代汽车, 2022（15）：121-123.

[43] 蒋凌毅. 新能源汽车维修专业技术人才培养的策略研究[J]. 时代汽车, 2022（15）：81-82.

[44] 邵留国, 王子杨, 蓝婷婷. 中国新能源汽车产业震荡的形成机制与对策[J]. 资源科学, 2022, 44（7）：1316-1330.

[45] 姜良维, 张沛, 孔晨晨, 等. 基于决策树的新能源汽车事故关联出行特征分析研究[J]. 道路交通管理, 2022（7）：32-35.

[46] 张良. 新时期中国新能源汽车出口现状与发展展望[J]. 价格月刊, 2022（7）：89-94.

[47] 赵子垚. 2022年新能源汽车下乡活动于昆山启动[J]. 汽车纵横, 2022（7）：24-27.

[48] 姚兰. 5月新能源汽车产销同比翻倍增长[J]. 汽车纵横, 2022（7）：101-102.

[49] 史德福, 胡岚, 吴健, 等. 新能源汽车空调供热分析[J]. 内燃机与配件, 2022（13）：46-48.

[50] 李修银, 孔翠翠. 新能源汽车维修技术要点的分析[J]. 时代汽车, 2022（14）：110-112.

[51] 童华桥. 新能源汽车发展对制造工艺与装备的影响[J]. 时代汽车, 2022（13）：88-90.

[52] 武汉辰. 中国新能源汽车换电市场研究[J]. 汽车与配件, 2022（12）：40-43.

[53] 徐俊波. "双碳"目标下乡村地区新能源汽车发展探析[J]. 山东电力高等专科学校学报, 2022, 25（3）：78-80.

[54] 黎政杨.新能源汽车产业升级释放发展需求思路研究[J].科技资讯,2022,20(14):145-148.

[55] 翁银燕.新能源汽车技术现状及发展趋势[J].汽车与新动力,2022,5(3):17-19.

[56] 董勤,于放.碳中和背景下新能源汽车产业发展研究[J].中国集体经济,2022(18):15-17.

[57] 张丽.新能源汽车电气设备及线路的检修分析[J].汽车与新动力,2022,5(3):96-98.

[58] 孙小婷.基于TDABC的新能源汽车制造企业成本控制研究[J].中外企业文化,2022(6):106-108.

[59] 丁晓春.政策导向下的新能源汽车行业未来发展分析[J].中国高新科技,2022(12):126-128.